U0551026

與其讓別人看好 不如自己活得好看

寫給被他人「眼光」所困 渴望活得精彩的你

J小姐
自發光ING創辦人

著

方舟文化

作者序

當你不再討好別人，你就是全世界的主角

在我的粉絲眼裡，我是個不折不扣的「女強人」——能一次創業就成功，能研發出神奇好用、幫女性定位自身風格的工具——「氣質九宮格」，能幫助貌不驚人的平庸女孩徹底變身，也能寫出引爆討論的發燒「爆文」。

此外，他們還認為我感性、理性「雙發達」，看問題直擊要害，一針見血，還能對人和事抱有極大的包容。

所以，經常有人問我：「J小姐，妳是不是從小就很與眾不同？」

我知道，大家希望聽到的答案是：「對，我自小天賦異稟。」因為這樣就可以用「我沒有天賦」來安慰看似平凡無奇的自己。

但事實上，我並不是什麼天才，也沒有什麼傳奇的經歷。甚至我也

曾經是個充滿自卑、敏感又缺乏自信的人，是個別人希望我是什麼樣，我就努力變成那樣的人。

高中時，我學業成績一直算名列前茅，但我總聽別人說：「男孩子大鳥晚啼，往往在高二、高三就會忽然開竅、後來居上；反倒是女孩子容易小時了了，後勁不足。」

在高二時，班上一位男同學的課業成績忽然突飛猛進，讓我開始感受到了壓力。讓我開始懷疑男生的學習力是否真的天生就是比較厲害，我只是比他們更用功，所以成績才會暫時比他好，實際上我的能力可能遠遠不如他！

而當我有了這樣的想法後，彷彿應證那句話似的，我的成績竟真的就漸漸地不如他了！

在大學時期，一個各方面條件都很好的男生主動來追求我，但我對他就是沒有感覺。本想拒絕他，卻因為室友們說：「妳還想找什麼樣的對象啊？妳就是不知足，眼睛長在頭頂上了！」於是我聽從了大家的建議，勉強跟一個自己沒感覺的人在一起。

在交往過程中，每當我想要分手，往往又會因為被室友們吐槽：「妳真是太矯情了，身在福中不知福！」於是，我就連提分手的勇氣都沒有……

如果有人說我人很好，很大方，那麼他欠我的錢我就可以都不要了；如果有人說我樂於助人，很熱心，那麼我自此後就會自動自發，主動幫他很多忙。

那時候的我，總想活成一個被別人接納與喜歡的人。於是，我不由自主地把自己套入到了別人給我設定的人設之中，按照別人期待的劇本「表演」自己的喜怒哀樂。

直到我去義大利留學後，我之前所有的觀點都一一被顛覆了。

當時，最令我震撼的一件事，就是跟我同居兩個月的英國室友 Sera 對我說：「很抱歉，我無法再忍受妳了，因為妳總是為了讓我高興而去試圖改變自己，但是我的高興並不能讓妳變得更好。我們應該是兩個人格獨立、完整的人，我們都應該為了『自己』而盡力地活著，而不是時時刻刻地想著去討好別人……」

聽了她的話，我有點手足無措，腦海中閃過這兩個月以來我和她相處的點點滴滴：我主動整理房間，幫她掛好衣服，小心翼翼地和她相處……這都是因為，我希望她認為我好相處又不計較，希望這麼做能讓她喜歡我。

而彼時，她漂亮的眼睛裡滿是疑惑，她難以理解我為什麼不能為自己而活。

那一天，我回憶了自己前二十年的生活狀態：

從小，我為了讓父母開心，總是不敢表達自己的觀點；習慣小心翼翼地討好身邊所有人，讓別人高興，讓別人把我當成一個百分之百善良可靠的人。

但是，真實的自我卻一直被我所壓抑——我甚至一直在假裝「真實的我」從來沒有存在過！

在被室友揭穿我的問題後，我沒有選擇迴避，而是選擇了面對現實，勇敢地選擇追問自己：

如何不活在別人給我的人設裡？

如何不透過別人的眼睛認識這個世界？

如何按照自己的意願去過豐盈美好的一生？

自從那次的反思後，我開始慢慢改變自己，並且告訴自己——**我就是我，不要活在別人為我設定的角色中**。

現在，每天醒來，我都心懷歡喜——我有一群親密無間的朋友，有支持我並和我共同成長的夥伴們，有讓我願意投入所有心力的事業——這就是我按照自己的意願生活帶來的結果。

我也希望所有人都能活出一個閃閃發光的自己——每多探索自己一點，世界的美就在眼前多呈現一點。

現在，我已經三十幾歲了，走過了上萬里路，看過了幾萬張的面孔。我見過女明星在穿不進昂貴禮服時崩潰、痛苦的面容，也見過平凡素人在變美後綻放的笑臉；我見過天賦異稟的人為才華所累，也見過平凡的人們笨拙的努力。

我把自己的所見所感都寫進了這本書裡，希望你能從這些故事裡看到每個人為尋找真實的自己所做的努力。

最後，你會明白，每個人都是如此獨一無二，都是如此值得自己替自己驕傲！

我常將宇宙拿來比喻人類的個體，我們的大腦裡的神經細胞就好比銀河系裡閃耀著的星星數量；而我們身體七〇％是水分，與地球的海陸比例相同。

我們的腦中就像存在著宇宙，而我們的體內就像有一顆星球！而這樣珍貴的你，又怎能一直活在別人為你設定的劇本中呢？

Part 1
與其讓別人看好，不如自己活得好看

Part

2 從現在開始，愛要留給自己

Part

3 不被定義，才是最好的定義

Part 4

餘生就不用你指教了

Part 5 不要缺乏想像力，忘記想成為的自己

Part 6 我就喜歡你看不慣，又幹不掉我的樣子

Part 1

與其讓別人看好，不如自己活得好看

那些真正經歷坎坷的人，即便歷經磨難，
也不會浪費時間去懷疑人生，
而是不斷地努力，讓自己的人生閃閃發光。

01 你所謂的佛系，只是害怕努力

1

時雨盤腿坐在我對面，把一個飛魚卵壽司塞到嘴裡，認真地咀嚼著。伴著魚子在口腔裡爆裂的聲音，她又抓起一個，滿足地說：「生活裡有美食就夠了，那些小波折哪算什麼啊！」

看著她一副無關緊要，知足地大啖美食，滿臉幸福愉悅的樣子，我心裡想：今天如果有人是第一次見到她，絕對看不出來這是一個既失戀又失業的人吧！

時雨就是一個這樣樂觀的女孩——

不論遇到什麼挫折，只要吃頓美味的大餐，她就能像遊戲中原本已經快要被敵方擊垮的玩家，忽然得到寶物般瞬間回血復活。她總是比別人更容易找到希望，跌倒了馬上就能爬起來，然後拍拍身上的塵土，繼續開心地「趕路」。

她笑咪咪地跟我說：「妳不要為我擔心了，倒楣的日子總會過去，明天會更好！」

看著她天真無邪的眼睛，我一字一句慢慢地對她說：「時雨，妳明天不會更好，後天也不會。」

聽了我的話，時雨的表情瞬間凝結，從微笑切換到了驚愕。

我接著說：「在生活中，我們無論遇見好事還是壞事，誠然最終一切都會過去，但是如果妳在這十年內，總覺得自己一直在犯小人，大小衰事不斷，妳會不會有所反思——**其實比尋找希望更重要的，是學會做出正確的選擇！**」

2

我是在六年前認識時雨的，那時，她在我回國後任職的第一家公司擔任行政職。在一次的中午聚餐過後，我們幾個同事在茶水間閒聊當年考大學選填志願的事情。

時雨說：「在大考之後，我選擇一間醫學大學就讀，開學時，助教拿了一疊厚厚的書，告訴我們說，這些是這學期要背的內容，我當時就嚇傻了，覺得自己根本畢不了業。思前想後，我還是決定退學，再衝刺一年準備重考。」

同事們聽了都說：「你好厲害啊，我們選錯科系都硬著頭皮讀完了，你居然退學了！」

時雨當時說了句很有哲理的話：「我就是這麼『佛系』，我們總要從絕望中找到新的希望啊！」

同事們紛紛表示贊同，稱讚她樂觀，有正能量。作為一個略微悲觀的人，我很喜歡這個樂觀、豁達的女孩。所以，即使我後來離開了那家公司，也和她保持著緊密的聯繫，每隔一兩周就見一次面。

時雨雖然樂觀，但是她卻是個很「倒楣」的人，似乎處處「逆風」，時常遭逢困境。

在感情中，她總是遇人不淑。每次聽她講完自己的經歷，我的心情都非常沉重，不知道該怎麼安慰她；但時雨自己卻總是在跟我吐完苦水之後，很快就好起來了。

她總是跟我說：「我依然相信愛情，只是那個對的他還沒有出現在我面前罷了！」

在工作上，她總是頻繁跳槽。她一直在從事行政類的工作，因此瑣事特別多，忙起來失誤也跟著多，在公司不受老闆重視，又常遇到同事挖洞給她跳，也曾替主管背過鍋。因此，她經常憤然辭職。但是跳槽後，她的工作卻總做得不太順利，從知名企業一路換到小型企業，薪資也跟著調降了不少。

因為喜歡歐式雙眼皮，某天她忽然覺得自己已經「準備好了」，沒有事先做過任何功課，就衝動地跑去一家小醫院，割了個超寬的雙眼皮，恢復後極度不自然，完全不能素顏，眼皮誇張得嚇人。

我對她說：「妳膽子可真大啊，說去割，就馬上找了個小醫院割，也不仔細研究一下。」

她卻說：「這樣也不錯，督促我每天化妝，省得偷懶。」

她就是這麼樂觀的一個人，我們認為天大的事，她馬上就能走出來，變得正向積極。

3

我看著呆坐在那裡，黯然神傷的時雨，有些於心不忍，但還是接著說：「樂觀是一種非常可貴的特質，我總被妳不屈不撓的精神所感動，但是妳有沒有想過，為什麼妳總是這麼倒楣呢？」

「妳遇人不淑，也許是因為妳和他們相遇的地點總是在酒吧，在那種氣氛下，所有的感覺都是假象。妳為什麼不嘗試著換一種戀愛方式，看能不能在日常生活中找到白馬王子呢？」

「妳的工作總是那麼容易被替代，可是妳為什麼從來沒想過去進修學習以提升自己的工作能力呢？只有成為一個工作能力強、附加價值高的人，在職場，妳才無法被輕易取代。只有妳有價值，即使妳犯了錯，也能被其他優勢沖淡。」

「在妳做任何選擇之前，可不可以想清楚，妳到底想要什麼樣的未來呢？不懂，妳就多花一點時間諮詢專業人士的意見，多查一些資料，就會有更好的選擇，可是妳為什麼懶得去思考呢？」

「當妳遇到挫折時，爬起來後，首先應該弄清楚的是遇到這些挫折的原因是什麼，今後該如何識別和避免，而不是用『一切都會好起來的』這種毫無事實依據、像包著糖衣的毒藥藉口來麻痺自己，然後想都不想就繼續往前走。」

「其實，妳是在用佛系來掩蓋妳的懶惰，用樂觀來逃避現實。妳一直在重複不盡人意的生活，而這種生活，早就該透過反省自我並做出正確的選擇而結束。」

聽了我的一番話後，時雨，這個樂觀的女孩哭了，她黯然地放下手上的食物，說道：「吃飽了，我想回家了。」

回到家後，當我正為自己的嚴厲言辭而自責時，卻收到了時雨的訊息，她說：「妳說得對，我一直在用佛系的生活態度來掩飾我因懶惰、懦弱而犯下的錯，來掩飾我的不努力，不假思索地把人生失敗的原因歸結到『倒楣』。三十年來，我都在走眼前一成不變的路，覺得既然一切壞事都無法避免，那就只能選擇樂觀了！然而，人生這麼廣闊，我怎麼會沒有選擇呢？謝謝妳，讓我第一次認真思考自己的人生，我會藉由做出正確的選擇，讓自己好起來！」

我相信時雨一定可以走出「倒楣」的惡性循環，我也希望**每一個人在保持樂觀的同時，不要假裝痛苦的經歷從未發生過。請記住痛，並以它為契機，克服一切艱難險阻！**

02 世界再冷，也要活得熱氣騰騰

1

我今天終於在社群封鎖了一位朋友，不用再看到他的發文了。

一般看到朋友發文洗版、求讚討拍、甚至轉發來路不明的網絡謠言時，最多就是讓人感到有點厭煩，只想快速滑過。但這位朋友發的內容，卻總能讓人感到無奈。比如，他會經常發這樣的內容：

人生的開始，不過是一場早已寫好的結束，我們都是帶線的玩偶，向著那寫好的結局一路狂奔，直到窮途末路。

有些事，在歷經滄桑後，才開始不著痕跡地更改。曾經，不管握得有多緊，最終都會失去。而我們的收穫，只是逐漸地老去。

那些人性的骯髒，我如何做到視而不見。

跟那些感悟歲月與總結現階段人生從而引起共鳴不同的是，他發的內容大多只會引起別人的憤怒，會讓人忍不住想留言反嗆：你才多大？你經歷多少坎坷艱辛？你敢說你看透人生？

事實是，他今年不過二十五歲，正值青春年華，是一生中最該有拚勁兒的時候。也許他遭遇了一些挫折，但他不去總結經驗、整裝前行，卻選擇停下來感慨人生，未免讓人覺得他有些浮躁、不經世事。

很多人在人生剛開始時，便哀嘆歲月的殘酷、人生的苦痛，殊不知，這些從沒拚搏至筋疲力竭的人，是沒有資格抱怨的。在我們沒看到的地方，有更多人都被命運「薄待」，面臨著比我們艱辛千萬倍的困境，但他們卻依然保持著對人生的敬意。

2

我有一位好友，她曾經是中國最年輕的女性企業家，經常去高中演講，在外人眼裡可謂風光無限。不幸的是，她遇到了投資詐騙，公司不久後便倒閉了，上門討債的人絡繹不絕。

那時，她正在和交往五年的男友籌備結婚，未來公婆怕兒子在經濟上受到牽連，就命令兒子跟她分手，而那個曾經跟她海誓山盟的男友，不顧兩人多年的情意，聽從了父母的意見毅然而然離開了她。

在那段時間裡，二十六歲的她，變賣了所有東西，向親友借了很多錢，頻繁出入法院解決問題。待事情平息後，她告訴我說她要回老家了，叫我有空去找她玩。當時我為她的離開而痛哭流涕——一個積極努力的女孩，怎麼就被這險惡的社會給刁難了呢？

從此，她的社群頁面再也沒有更新過，電話也成了空號，彷彿從人間蒸發了一樣。

當我再見她時，她已經抱著一個漂亮的寶寶，成了一位母親。原來，回家後，她很快結婚生子。現在，她媽媽幫她一起照顧女兒，她自己則做起了食品貿易。她在社群媒體上又開始活躍起來了，偶爾發發自己公司的廣告，偶爾展示一下自己在健身房揮汗如雨的樣子，偶爾曬一曬可愛的寶貝和自己的笑容……

每次看到她的發文，我都如沐春風，彷彿沾染了她的幸福。

她從過去的有房有車，到現在帶著一家人蝸居在租賃的老公寓裡，每天擠著不同的公車跑業務，反差之大，真是令人不可想像。

這些經歷，對於不滿三十歲的她來說，算不算坎坷呢？可是，你在她臉上絲毫看不到滄桑的痕跡，她依然努力地奮鬥著，不願向逆境低頭，她總是懷抱著希望，仍舊像個剛出社會的單純少女一樣，相信著美好的一切終將來到。

3

我另一位男性好友曾是知名房地產公司的高階主管，工作和生活都過得風生水起。萬萬沒想到步入中年後，他卻檢查出罹患了惡性腫瘤。更不幸的是，他的腫瘤切除後又轉移復發了。當時，他不想讓年邁的父母為他操心，所以在化療的時候，只讓看護陪在自己身邊。

出院後，他也沒有及時行樂，放縱自己，而是跑去創業——跟朋友一起開了間到府清潔的公司。雖然在創業的過程中，他經常熬夜開會、做產品優化，有時還要親自到府去體驗服務的品質，但我每次見到他，他總是是紅光滿面、活力滿滿。

他經常會在社群軟體上大秀廚藝，或是分享他參加馬拉松獲得的獎牌，還有和自己養的兩隻狗和十幾隻雞的生活點滴。跟他不熟的人可能會質疑他是不是刻意迴避苦難，但只有和他熟識的人才知道他的堅強和淡然，他說：「既然總會有人遇到疾苦，這個人為什麼不能是我呢，世間的一切事都是有可能發生的！」

那些真正經歷坎坷的人，即便歷經磨難，也不會浪費時間去懷疑人生，而是不斷地努力，讓自己的人生閃閃發光。

相形之下，初出茅廬的年輕孩子，失戀了就覺得自己看透了愛情，吃了點虧就覺得自己摸透了人性，稍有不如意就覺得自己命運多舛！然而事實上，他們過得並不差，他們所經歷的也不是無法承受的重大挫折，但他們就是喜歡大鳴大放自己的不如意。而那些所謂的滄桑，常常不過就是懦弱、懶惰和無病呻吟罷了。

因為，那些真正在拚搏的人，是沒空傷春悲秋、怨天尤人的，他們只會忙著學習並藉此學會如何避開一個個的陷阱！

我身邊很多中年朋友，不管世界再冷，他們也會活得熱氣騰騰，仍然和少年時一樣對世界充滿了熱愛和好奇。

所以，我想對現在二十多歲的你說：

在你黑白分明的眼睛裡，更應該看到的，是人們的活力與希望，從

你微微上揚的嘴角裡，更應該讓人聽到你對抗一切逆境的勇氣，而不是硬擠出乾癟蒼白的人生感悟。

我很喜歡艾佛列德．德索薩（Alfred D'Souza）的一段話，也在此送給各位共勉：

去愛吧，就像不曾受過傷一樣；
跳舞吧，就像沒有人會欣賞一樣；
唱歌吧，就像沒有人會聆聽一樣；
工作吧，就像是不需要金錢一樣；
生活吧，就像今天是末日一樣。

03 與其在錯誤的道路上狂奔，不如找到適合自己的戰場

1

我的一位女性朋友曉君，最近形象丕變：她剪了個空氣瀏海，換了個超齡的鮑伯頭造型，吊帶褲裡面套了一件連帽T恤，腳上穿著小白鞋，還背了個卡通圖案的後背包……

我跟她說：「大姐，妳都三十五歲了，最近發生了什麼事嗎？這種青春甜美風，反而讓妳更顯得滄桑了！」

她有點兒無奈地說：「我交了個比我小五歲，還長著一張娃娃臉的

男朋友，能怎麼辦啊？好巧不巧我本來就長得偏成熟，這樣一來我們看起來的年齡差距更大了。最主要的是，他在工作中接觸的，都是一些年輕的小女生，我不得不打扮得青春點啊！」

我非常理解曉君的焦慮，忍不住長嘆了一口氣說：「妳放棄了自己知性、優雅、大氣的風格，而跑去扮可愛，但妳打扮出來的可愛，和人家二十出頭的女孩能比嗎？你男朋友喜歡的也是妳的知性美吧，如果他喜歡那種青春亮麗的小女孩，為什麼要和妳在一起呢？」

曉君聽了我的話，大夢初醒般恍然大悟。

「聽妳這麼一說，我男朋友好像也對於我這副打扮感到一言難盡，他雖然沒直說，但早就暗示過他喜歡成熟、知性的女生，所以我應該趕緊回到自己的戰場上，不能自己亂了陣腳啊！」

2

其實像曉君一樣的女生還有很多，她們總是忽視自己的優勢，在錯誤的道路上狂奔，最後讓自己的生活變得一團糟。

我的朋友麗麗，本來是一個幸福的全職太太。她把孩子教養得很好，還會烹調各種美味的食物，把家裡的大小事情都打理得井井有條。但後來因為一些電視劇和激進文章的影響，麗麗某天忽然再也無法忍受自己做為一名平凡的全職主婦了，她決定要做獨立的女強人，所以就鬧著要出去工作，她說：「哪怕賺了兩萬就花了兩萬，起碼自己是獨立的，不用依賴老公。」

我說：「妳是被下了什麼蠱嗎？家庭主婦也是一項職業，妳老公很認可妳為家庭的付出，很尊重妳，而且妳家裡也不缺錢，幹嘛非得跑到職場上去證明自己的價值呢？每個人的能力不同，體現個人價值的方式也不同。有些女人可以在職場上呼風喚雨，有些女人更善於經營家庭生活，能把各種關係處理得平衡得當，讓一家人的生活過得精彩有趣。妳明顯就屬後者嘛！」

但是，她根本就聽不進去大家的勸說，她覺得自己以後不能再做伸手要錢的家庭主婦了，這樣會失去個人價值。

於是，她就匆匆忙忙地在一家零售連鎖企業找了份管理分店的工作，趕鴨子上架般迅速地投入職場。

然而，工作中的各種人際關係和職場壓力讓她焦頭爛額，家裡的保姆換了一個又一個，也都不能讓她滿意。

到頭來，她的工作、生活變得一團糟，夫妻關係也急劇惡化。反而沒有她一開始想像的因為經濟獨立，而找到自己的人生意義。儘管她悔不當初，原本美好平靜的生活卻已完全走樣，無法拼湊回從前的樣貌。

3

我們每個人一定要經常反省自己，無論是對於自己的外表，還是對於自己的能力，都要不時進行客觀的評估。我們要善於找到自己的戰場，努力升級自己的武器。如果你是一個擅長適合突擊戰鬥叢林遊擊戰的人，就不要跑到平原上去面對別人的長槍短炮，那才是白白浪費了自己的才能。

在職場中，女性有其獨特的優勢，比如往往較男性更擅長溝通，更具備同理心。如果女性懂得利用這些以柔克剛的能力，在職場上就更容易獲得成功。

但是現在有些女性卻很畏懼顯示出自己女性特質的一面，認為若需要依賴他人或太溫柔，顯示出「女性」的一面就是弱者。因此她們希望男人不要把自己當女性看，甚至希望自己可以在他人面前呈現出「強勢」、「犀利」、「女漢子」的形象。

其實這就是女性在內心歧視自己的女性性別，排斥女性的力量，從而逃避自己的戰場。這也許並不影響他們成功，但是硬碰硬的戰鬥，可能會很艱苦。

一位藝人曾自嘲說自己是演員裡唱歌最好的，唱歌裡主持最好的，主持裡導演最好的，導演裡書賣得最好的……雖然是玩笑話，但是一個人如果能找到自己獨有的武器，無疑就是最好的戰略。

我常常會收到與個人形象相關的諮詢，比如有的人會說：「J小姐，我長得不好看，鼻子塌、臉大，從沒異性喜歡過我……」

是的，外貌的確會讓很多女孩感到焦慮，但是與其深陷在這種焦慮中自怨自艾，倒不如努力學習打扮自己，鍛鍊自己的身體，認真學習各種有益的知識以豐富涵養，并且提升自己的氣質，同時修煉自己的個性，打造自己的優勢戰場。

所以，親愛的女孩們，去找到自己的優勢吧，不要盯著自己的短處不放，成天怨聲載道。不要看別人鼻樑高挺，就去墊鼻子；看到別人下巴尖，就去整下巴。

妳應該看到自己的優勢，比如說妳雖然是塌鼻子、短下巴，但這樣的自己是不是顯得年輕又可愛呢？或者不要覺得自己長相成熟，就拚命把自己裝扮成稚氣的模樣，而是要看看自己是不是更具備幹練女性的颯爽英氣場，進而挑選合適自己的裝束。

從現在開始，別再糾結於自己的劣勢，而是要拚命地發現自己的優勢。因為與其在錯誤的道路上狂奔，不如找到真正合適自己的戰場。妳要努力積蓄自己的力量，相信總有一天一定可以所向披靡，無所不能！

04 別人眼中的幸運，只有自己知道是理所當然

1

二〇一〇年七月盛夏，小芸把她用心經營的奶茶店暫時託付給當時的男友，隻身到蘇州旅行。雖然蘇州的小橋流水給這位北方姑娘帶來了一絲溫柔，但是悶熱潮濕的天氣還是讓她難以適應。

她發訊息給當時的男友：「蘇州比西安潮濕好多，但這裡的女生皮膚都超好，好羨慕！」

男友卻回她一句：「我已經不愛妳了……我們分手吧……」

小芸把手機放回口袋時，整個人恍恍惚惚的，不小心被石階絆了一下，重重地摔在了地上。她爬起來看看紅腫的膝蓋，對著石階喃喃地說：「既然你留我，那我就不走了。」她收拾好碎成一地的心，決定就留在蘇州繼續生活。

時間過得很快，一眨眼已來到二〇一六年七月盛夏，此時此刻小芸身旁的現任男友突發奇想：「親愛的，帶我去看看當初留下妳的那個石階吧。」

小芸牽著他的手來到平江路，指著一段石階說：「就是它啦。」男友突然就摔了下去，沒等小芸反應過來，他就「碰瓷」一樣翻過身斜躺在那裡，從口袋裡掏出一枚戒指向她求婚：「剛剛石階告訴我，這麼好的女孩，我一定要娶回家！」

小芸笑中帶淚，又哭又笑地說：「你就是想誆我！」

2

二〇〇九年三月，劉楊從中國東南大學畢業。

劉楊的學長邀請他到北京工作，劉楊女友也跟著他前往北京。他們分別租住在兩間雅房裡——由一間十八坪大的房子隔出五間雅房裡的其中兩間——雅房中只有一張小床，沒有窗戶，沒有熱水。

看著女友因濕疹而抓得紅腫的雙腿，劉楊對女友說：「我們很快就能換一間有陽光的房子了。」

那天，他下班到家時，已是深夜了，女友坐在樓梯間，身旁堆滿了行李，見到劉楊「哇」的一聲就哭了：「我請房東裝個熱水器，他卻說不願意住就走……劉楊，我們回家吧……」

劉楊執意要留下，而女友卻走了，從此變成了「前」女友。

二〇一六年五月，劉楊回老家參加妹妹的婚禮，前女友帶著女兒坐在他旁邊，說：「我知道你在北京發展得不錯，但你也得結婚啊，你爸媽都急死了。」

劉楊尷尬地擠出一絲笑意，說：「緣分還沒到吧。」

劉楊總會夢到前女友穿著校服，斜靠在他的肩頭看書的情景，她的頭髮垂在他的脖子上，癢癢的……

醒來後，他才悵然若失地發現，那個陪他走過無數風雨的人，早已經不在這座城市裡了。

但是即使這樣，他也不想回到老家那安逸的舒適圈中。因為在那裡，即使你不停地挪動雙腳，依舊邁不出步伐來。

他清楚地知道自己在那裡完全沒有施展自己才能的空間存在，倘若真的回到老家生活，恐怕只會渾渾噩噩、不知所終地過完一生……

3

二〇一一年十月，徐婭通過招聘到上海工作。第一天上班，她提前了三個小時出門，穿過擁擠的人群，終於到了公司。當她想找個人打招呼時，卻發現每個人的臉上都有異常銳利而冷漠的表情。

她打電話給閨蜜說：「我想辭職回成都，這裡的人感覺都不好相處，我想去吃火鍋，都沒人一起……」

「不開心那就回來吧，為什麼要忍呢？」閨蜜對她說。

二〇一六年十月，徐婭去南非出差三個月後，終於回國了。她的好朋友們手捧麻辣燙現身浦東機場，戲謔地對她說：「快來嘗嘗熟悉的地溝油」、「南非的男人不合胃口吧！」……

看著她們歡欣雀躍的模樣，徐婭接過麻辣燙，說：「開普敦的白人小鮮肉帥著呢，要不是妳們在這兒，我就不回來了！」

去火鍋店的路上，徐婭繪聲繪影地描述著從南非約翰尼斯堡到開普敦的美景，以及在職場中遇到的各種鳥事。

好朋友們一邊狂按喇叭，一邊叫囂著說：「妳有一群沒有極限的智囊團，怕什麼？」

徐婭笑出了眼淚，望向窗外依舊如故的「車水長龍」，她終於有了回家的感覺。

4

不管怎麼樣，後來的他們，都過上了自己想要的生活，成了外人眼裡的幸運兒。可是，只有他們自己知道，自己究竟經歷了什麼艱難困苦，才有了現在的生活——一切都不是理所當然的。

雖然，城市的房價很高，給人的感覺也依然冰冷堅硬，但是因為每一條街、每一間店、每一棟辦公大樓裡，都有無數個充滿熱情的夢想，正是這些夢想把城市燒得熱氣騰騰。

我們是小芸，是劉楊，是徐婭，我們都要度過那些孤獨襲來的漫漫長夜。我們都要背負著對親人、愛人的歉疚，去經歷無助、焦慮、沮喪、自我懷疑。不論我們所經歷的是更好或是更糟，我們最終都會找到與這座城市相處的方式。

如果你在城市裡努力奮鬥著，卻仍未找尋到屬於你的愛情或夥伴，沒有獲得你想要的生活，請別著急，你只是在路上，只要走下去就可以看到曙光！

無論如何，我們都要期待明天，就像角落裡那株看似黯淡卻努力茂盛著的植物！

05 柴米油鹽裡，少女心是一種超能力

1

我和幾個閨蜜計劃去長灘島旅行，小七說把莎拉也一起找來。自從她結婚生子，我們好久沒和她一起旅行了。

莎拉在結婚生子之前，是我和小七的旅行好搭檔。我們曾因黃山下了第一場雪，就臨時起意決定去看看。當時，我們被黃山雲海升騰的美震撼了，相約以後要一起看遍世間的美好景色。

後來，莎拉結婚生子了，我和小七也開始了艱辛的創業歷程，我們三個人好久都沒有時間到處玩了。

這次，我們連哄帶騙，把莎拉拐去了長灘島。一路上，飛機轉乘巴

士，再轉坐輪船，終於到了酒店。

我們三個人訂了一間房間，一進門，我和小七就興奮地打開了陽臺的門。窗外，椰子樹的枝葉，伴隨著海風朝我們的窗戶輕輕拍打，呼吸裡滿是自由愜意。我們大叫著對莎拉說：「快來看，這裡多適合我們喝著啤酒瞎扯閒聊啊！」

莎拉滿臉疲憊地癱在床上說：「早知道這麼折騰，我就不和妳們來了，我先去洗澡了，累死了！」

聽了她的話，我和小七面面相覷。在我們的想像中，應該是這樣的場景——

我們和莎拉在陽臺上喝著啤酒看日落，莎拉的頭髮在海風中微微飄蕩，復古色的紅唇很耀眼，她大笑時露出潔白整齊的牙齒，滿臉寫著對生活的熱愛……

可是，她現在的樣子，讓我們感到很掃興。

2

第二天，我們準備出海，莎拉一打開行李箱我們都驚呆了，裡面有牛仔短褲、暗色的T恤、洞洞拖鞋、款式老氣的防曬袖套、睡衣似的鬆垮長裙……

看到這些，我率先回過神來問莎拉：「妳就帶這些而已？」

「穿這些衣服才舒服，現在漂亮對我來說，可不比舒服重要！」

小七瞥了莎拉一眼，抖了抖自己浮誇的紅裙子，說：「我們穿這樣的衣服，也沒感覺不舒服啊，穿著它走在沙灘上，海風吹起火紅的裙擺，又美又舒服。妳看妳帶的衣服跟擺攤阿姨似的，拍照會好看嗎？」

莎拉開始以「過來人」的身分，開啟了「碎碎念」的模式：「等妳們有了孩子就知道了，天天管孩子就筋疲力盡了，哪有時間打卡當網美呢！」

我和小七當然不服氣——「拜託，我們主辦『女性蛻變訓練營』裡的媽媽可多了，個個還不都是既美麗又忙碌，再說女人愛美應該跟呼吸一樣自然，還需要把『美』當成費時費力的苦差事嗎？」

莎拉白了我們一眼說：「等我有保姆了，我也能有那個時間，保證自己天天美！」

我和小七氣得直跳腳，說：「沒保姆的媽媽，就都不在意美了嗎？再說妳婆婆不也在幫妳帶孩子嗎？」

「我自己有空了，當然要自己帶啊，長輩們很多育兒理念都太老舊了，等妳們有了孩子就知道了。」

在接下來的旅程裡，我和小七發出最多的聲音就是「好美啊！」、「太棒了！」、「太好吃了！」而莎拉發出最多的聲音就是「這有什麼意思？」、「我寧願在酒店待著！」、「這很一般啊！」

我們每天都在研究怎麼放鬆自己，而莎拉每天都在擔憂兒子是否安好，每天要和兒子視訊說話才安心。我們說：「莎拉啊，根本不是妳兒子離不開妳，而是妳離不開妳兒子。現在妳就把他當成了妳的全部，將來他會非常痛苦的。妳要知道，他離開了妳的肚子，就是一個獨立的個體，妳和他都有自己的獨立人格。」

莎拉說：「妳們還沒做媽媽，是不會懂的！」

3

在長灘島的最後一晚，我們幾個坐在露天的酒吧裡喝酒。酒吧的音樂很強勁，氣氛很熱烈，我們端著酒杯輕聲討論旁邊的德國帥哥。

小七搶過莎拉捧著的椰子說：「莎拉，既然現在妳已經不用哺乳了，喝點酒吧！」

莎拉搶回椰子說：「我不比妳們，我現在玩不起來了！」

小七氣憤地說：「妳這樣讓我們很失望啊，妳怎麼從一個獨立的女性，變得這麼絮叨，對生活沒有一點兒激情和熱愛了呢？」

「開口閉口都是老公、兒子、婆媳關係，一說話就是『我也不想，但是沒辦法』，我問妳，到底哪些是妳沒辦法的？」

「肥肉不能減嗎？老公不能溝通嗎？關係不能協調嗎？妳都出來玩了，就不能開心點嗎？」

「妳什麼都不做，卻逕自認為生完孩子的女人，就該對生活沒有激情，可現實中誰跟妳一樣呢？」

「我告訴妳，我才不會像妳這樣，我才不會只給孩子膚淺的關愛，我會讓自己的生活多采多姿，讓我的孩子看到我對生活的熱愛，和自己所付出的努力，這樣我的孩子才會有勇氣去乘風破浪，才能相信自己可以挑戰所有困難，跳出很多框架，而不是只會說『我沒辦法』……」

我拽了拽小七的衣角，對她說：「妳喝多了吧，話說得那麼多，有什麼用？」

看著沉默的莎拉，我說：「現在，妳**陷入到了自己理所當然的生活**

中，就永遠看不到生活的全貌。妳已經從原來的優雅知性，變得面部下垂、嘴角下壓，長出了妳曾經最怕的『婦人相』。」

說著，我翻出手機裡我幫莎拉拍的照片，繼續說：「看到了嗎？即使不看臉，看到妳的背影了嗎？看到妳的體態了嗎？虎背熊腰，一副畏縮、被生活壓迫得不堪重負的樣子，一點精神都沒有，妳能給孩子什麼？」

看到莎拉的眼眶紅了，我拍拍她的肩膀說：「莎拉，雖然我們沒有孩子，但是我們拚命地在創業的路上奮鬥啊，誰也不比誰輕鬆……**我們能做的就是勇敢，就是不服氣，就是即便痛哭一場，最終還是會破涕為笑！因為明天充滿了希望，我們都熱愛生活，所以別把日子過死了。每一道烏雲，都是鑲著金邊的……**」

4

音樂越來越強勁，氣氛越來越 high，我們拉起莎拉說：「來吧，一起找回過去那個熱愛跳舞的女孩！」

莎拉跟著音樂緩慢地晃動了幾下，然後越來越有節奏地跳起來了。在光影、音樂和海浪聲裡，莎拉慢慢地昂起頭，臉上彷彿出現亮亮的光圈，那久違的神采又重新在我們眼前展現。

在假期結束前，莎拉剪了頭髮，在免稅店買了三支顏色非常鮮艷的口紅。我們隱隱覺得那場熱情的狂舞，喚醒了莎拉沉睡的自我，她就要找回自己生活的樣子了。

親愛的朋友，也許妳現在已為人妻、為人母，又也許已在邁向暮年的路上，在日常的柴米油鹽裡，可能妳早已習慣邋遢，甚至是習慣懈怠。但我希望，妳能給自己一個重拾年少輕狂、勇敢奔向明天，依然擁有少女心，常保好奇的機會，只有這樣，妳才能不反被生活拖磨，而是

真的品味「生活」！

如果妳的閨蜜因為結婚生子，而放棄了自我，變得喜歡抱怨瑣碎的日常，我希望妳能告訴她：妳不必因為有了孩子就得掩埋原本的自己，妳，永遠值得最好，願妳能披著暮靄的光芒，踩著志得意滿的步伐，抬頭挺胸的歸來！

06 對不起，我不活在你給我的人設裡

1

三年前，小春的女兒被確診為自閉症。她辭了工作，帶孩子到世界各地治療、訓練，她說這幾年的生活雖然辛苦，但是她的眼界和心態越來越好了。

上周，她去參加同學聚會，穿了一條得體的無袖小黑裙，露出緊實的手臂和修長的小腿線條，配上俐落的齊耳短髮和精緻的妝容，親切地和同學們打招呼、敍舊。

同學都說她越來越好看了，也問候了孩子的情況，她回答說還好，同學們就沒有深問下去，轉而投入到青蔥歲月的回憶中去了。

聚會快結束的時候，她卻在洗手間聽到兩位女同學碎嘴：「小春也真是的，自己的孩子都得了自閉症，她竟然還有心思把自己打扮得花枝招展的！」

「是啊，妳看她那皮膚，一看就是常去保養，也不為孩子多考慮考慮，治療自閉症很燒錢的。」

「聽說她孩子還被幼兒園拒收了，換作我，不管什麼重要的聚會我都沒心情來啊，我猜她和她老公是打算再生一個，然後放著這個孩子不管了吧。」

她跟我說這些的時候，我憤憤地說：「妳怎麼沒出去回擊她們兩句啊，人遇到不幸就該愁眉苦臉、半死不活嗎？」

她淡淡地說：「我怕她們尷尬，等她們徹底離開了才走出去的。其實她們也沒什麼惡意，只是，我不能活在她們給我的人設裡啊。」

2

看著她挺直地坐在對面，一側頭髮順滑地垂到臉旁，面容平和，耐心地給微燙的咖啡吹著氣，我忽然熱淚盈眶。

這些人並不知道發生在她身上的故事，也並不明白她所經歷的苦楚。因為孩子有自閉症，她老公總想再生一個健康的孩子，但小春卻堅決不同意，半年前就選擇了離婚。

之後，她把房子賣了，換了間小公寓，靠自己的外語能力接一些出版社的書稿翻譯、校對工作，勉強維持家庭開銷。

她的父母也很不諒解她，再生一個孩子又怎麼了？家庭也沒了，一個女人帶著個生病的孩子，今後日子怎麼過？

她抿了口咖啡說：「其實，做爸爸的和做媽媽的不一樣，寶寶在我肚子裡手舞足蹈的共生感，爸爸是體會不了的。再生一個是沒什麼，但是我給女兒的關愛一定難免會因此減少的。妳不知道，當我看到女兒拿著自己的小手帕，略顯吃力但一臉認真的把我的高跟鞋擦得光亮的時候，我哭了好久。我發誓要好好照顧自己，拚命活得久一點，最好能看著她先走。」

她現在每天都健身、護膚、閱讀、翻譯，時不時地調整一下家具的擺設，變換一下格局，為生活增添情趣。

她會替女兒做色香味俱全的美味佳餚。每天都會把女兒和自己打扮得美美的再出門，去看看美好的世界，去看看那些體現了滿滿的生活熱情的手工藝品。

她說，她想把生活的所有美好都攤在女兒面前。總有一天，女兒會發現——生活值得熱愛！

3

在這種處境下的女人，很多人賦予她的人設是終日以淚洗面的怨婦，不能有光芒，不能有力量，不能有快樂。最好看起來連個人樣兒都沒有，這樣才配得上她擁有的苦難。

可是，她偏偏打破了這樣的預設——她光鮮亮麗、挺拔昂揚，從來沒有放棄對美好生活的追求。她每一天都在認真地生活，她說女兒並不是什麼都不懂，她相信能量是種永恆的存在，她對生活的愛一定會傳遞給女兒，總有一天她女兒一定可以張開雙臂擁抱生活……

我也相信，一定會的！

我們都免不了下意識地去替別人設置一個人設，經常說「看起來像」、「看起來不像」，但是我們都知道那只是自己的以為、自己給別人的人設。不能因為這個人沒有符合你設定中的形象，就開始懷疑或者攻擊。

就像某些演員，在接演了一些個性鮮明的角色之後，因為優秀的演技，將戲劇中的角色呈現得有聲有色，一些喜歡戲劇的群眾竟也不分現實地將活生生的演員套入角色的人格設定之中。我總覺得神奇，這些會把戲劇角色的人設硬生生套在演員身上的人，他們在現實生活裡又是怎麼過得呢？

4

我有位高學歷、高收入，剛歸國的女性友人，在社群媒體上發了一則她參加體態訓練的筆記，分享一些穿搭心得和體態矯正的成果。

不料，竟有人在下面留言：「我一直覺得妳是個有氣質又有想法的人，學習的應該都是些高大上的知識，完全想不到妳竟然會花錢、花時間浪費在糾正駝背和學習化妝打扮上……」

她看到後覺得十分莫名其妙——「什麼是高大上的知識？知識什麼時候有高低貴賤了？依照這位留言者所預設的人格設定，難不成我就該又宅、又土、像個老學究一般的俗氣裝扮嗎？對不起，我並不是，我會挺拔昂揚、衣著得體，又有生活品位！」

我另外一位經濟條件很寬裕的朋友，則是某次幫同事代買了幾杯咖啡後，在通訊群組中發了購買的明細向大家收款。結果，同事們紛紛在背後議論：「沒想到他那麼有錢，還那麼小氣，一杯咖啡才八十幾塊，他還要跟我們收？」他問我：「是不是我真的有點小氣了，請同事喝幾杯咖啡而已。可是我在國外生活習慣了，我下意識地就覺得，幫別人代買東西理所當然要收錢……」

我回答：「我一直覺得想當然爾地就替別人設置人設，是一件很不可思議的事，別人憑什麼非要按照你刻畫的人設生活呢？更不可思議的是，一些人居然也主動地往別人給的人設裡鑽。」

5

我曾經在社群媒體上的某篇文章，使用了一個稍微欠缺修飾的詞，於是就有人在下面留言說：作為一個女神，妳居然說出這樣的低俗的詞，我對妳好失望。

這表明在生活裡，他總是不由自主為別人訂出框架，用自己的標準去看待他人。我們必須知道，人不是平面，是立體的，接受別人和你想的不一樣，是一件成年人必須學會的事！

有太多看起來柔弱軟綿的女孩，能在遭遇挫折時堅韌倔強；也有太多看起來強勢獨立的姑娘，在夜深人靜時低頭啜泣。每個人都有自己的堅持和信念，每個人也有自己的恐懼、憎恨和慌張；每個人都努力地把自己的生活過得更好，而不是過得更符合誰賦予的人設。

曾經，我聽一個女孩說自己收入低，但是喜歡旅遊，經常省吃儉用，存下錢就出去玩，但自從聽到同事在背後說她打腫臉充胖子，沒錢還裝闊，明明賺沒多少錢，還想學有錢人到處旅行花錢。於是她就再也沒出去旅行過；一個平時雷厲風行的女孩在跟男朋友打電話時撒嬌，被人說不符合人設，好噁心，她就再沒在人前打電話撒嬌了……

我忽然覺得，如果我們把在乎別人的眼光，換成「要你管」、「管得著」、「管他呢」，我們的幸福指數一定會提升很多。

親愛的女孩們，妳一定要在心裡堅定地對自己說：我沒你想得那麼柔弱、也沒你想得那麼剛強；我沒你想得那麼天真，也沒你想得那麼成熟；我沒你想得那麼好欺負，也沒你想得那麼刀槍不入。

我只是在認真地生活、認真地愛、認真地讓自己內心豐盈有趣。

我都不知道在明天醒來時，我會變成多好的自己，親愛的女孩們，妳更是如此！

07 別把「想要」當成「需要」

1

我有一個女性朋友前陣子賣了蘇州的房子，去雲南大理追求她的文藝夢想去了。

她說，她要去大理開一間有品味的小店，看陽光斑駁的古城，邂逅安逸的行人和貓，偶爾寫寫字，跟來往的遊客聊聊見聞，聽聽他們的故事，餘生就那麼閒散慵懶地過下去。多麼美好的生活啊！

她跟我堅定又充滿憧憬地描述這一切的時候，我有種想哭的衝動，發自內心地佩服她——她敢於放棄自己高收入又高壓的工作，有勇氣去追求自己想要的生活。

送別的時候，她跟我說：「以後我們可能不會常聯繫了，但我會把有關妳的一切都寫下來，寄給妳看。」

我有點黯然神傷，對她說：「等我有空了，去大理找妳！」

她容光煥發地說：「只要妳想來，就能空出時間來，沒那麼多身不由己。」

2

我以為再見她時，會是在大理的某家小店裡。但萬萬沒想到的是，四個月以後，我們的相遇地點居然在蘇州火車站。

她拖著疲憊的身軀，黯淡的臉上擠出一絲笑容，對我說：「我終於知道什麼是『理想很豐滿，現實很骨感』。」

她說：「理想存在於妳的想像之中時，妳會不停地去美化它。當妳越是得不到，妳的願望就會越強烈，繼而繼續美化它。而等妳真的實現它的時候，也許等著妳的，就是死水一般的無聊。」

然後，我聽她描述了這四個月在大理生活的種種：住有老鼠的房間，經常停電，吃著吃不慣的食物，遇見溝通不了的人……

思考良久之後，我忍不住問了她一句：「這會不會並不是理想和現實的問題，而是妳根本不知道自己內心真實的需求是什麼。妳以為那是妳畢生想要追求的生活狀態，其實妳只是對現狀不滿，需要的僅僅是短暫地休息一下。這種情況，只要去度個假就能解決問題了，何必把它當成一種人生呢？」

3

很多事情，我們無法成功，堅持不來，其實是因為我們內心並不是真正需要它。我們僅僅是為了滿足自己的好奇心，或者緩解焦慮。

我們應該走到自己的內心深處去看一看，你現在為之沉迷的，是內心深處最真實的渴望嗎？

那個你深愛的人，你確定不是因為自己需要陪伴和照顧，才沒有離開他？那個準備開始創業的你，確定不是只想逃離原先無聊的職場？

有很多事情，只有在你內心真正地渴求它時，才會促使你付出行動，並催化你擁有去實現它的力量。

你存下來的健身減肥法，九九％沒大破大立地做過；你轉發的旅遊攻略，九九％不曾背上包包就出門去看；你所按讚的哲理文章，九九％都沒有用心實踐；你所嚮往的「斷捨離」，現實生活中的你，卻九九％沒扔過一件生活中多餘的東西……

那個只存在於你渴望裡的身材窈窕、文藝灑脫、生活美好的自己，還在原地捧著手機一動也沒動過。

所以，你當時以為的真實需求，都是真的嗎？

別把「想要」，當成「需要」。

08 你煩惱多，是因為你格局太小了

1

表弟帶著他新交的女朋友，找我一起吃飯。女孩青春貌美，有一雙漂亮的大長腿，我心中暗想表弟還真是豔福不淺。

這位女生很活潑，吃飯的時候，一直跟我表弟打打鬧鬧，瘋狂對我「撒狗糧」。這甜蜜的場景，直到一塊菠蘿滑落在她裸粉色的裙子，留下了一條曲線汙漬後戛然而止。女孩眉頭緊皺，感覺都快哭出來了，嘴裡不停地嘟囔著「好煩啊」、「好倒楣啊」。

表弟趕緊拆開濕紙巾幫她擦，她惱怒地甩開了表弟的手，大聲地說：「你有沒有常識啊，這樣會越擦越髒的。」

我安慰她說：「沒關係的，現在的洗衣精去汗能力很強的，我有次在一個飯局上灑了一身調味醬油，回去一洗就掉了。」

女孩沒好氣地說：「但是現在還在外面啊，會被人看到的，髒死了，醜死了……」

這頓飯的下半場，女孩全程板著臉一言不發，表弟逗她，她也不搭話，時不時看一眼自己裙子上的汙漬，眉頭緊鎖、嘴角下垂，連食欲都沒有了。

她對表弟說：「吃完飯你就送我回家吧，我不想去看電影了，沒心情。」

表弟有點不耐煩地說：「不就是衣服髒了嗎，需要做到這樣嗎？等一下吃完買一件新的換下來就好了，又不是什麼大不了的事情。」

女孩頓時提高了分貝：「再買一件？你能買到一件一模一樣的給我嗎？你從來都不考慮我的感受……」

我完全不懂這女生的邏輯，但我估計他們兩個不到一個月後就會分手。因為像我表弟這種自詡顏值高、能力強、桃花旺的男生，是不願意小心翼翼地去呵護伴侶的情緒的。而這個女孩的情緒波動幅度顯然太大了，生活中的小失誤，都成了她的大煩惱。

2

我曾經封鎖一位女同事的個人社群頁面，因為只要滑到她的版面，你就會看到「今天真是倒楣」、「最近好背」、「好煩啊，太氣人了」、「怎麼會有這樣的人，這世界怎麼了」、「人活著真累」……無數個這類消極的言論。

而背後發生的事情基本上都是一些小事件——塞車了，點的菜不好吃，走路被人撞了一下，服務人員態度差，新買的衣服洗了掉色，剛買完的東西打折了，孩子要喊半天才起床，一路狂奔趕著上班卻還是遲到了一分鐘，約好了朋友被「放鴿子」……

這些生活中的瑣碎小事，每個人都會遇到，如果連這些無關痛癢的小事都無力脫身，那人生還有精力去奮鬥、去感受幸福、去愛、去體驗未知嗎？

如果你總是只感受到負能量，並持續傳播負能量，可能就觸發了負面的連鎖反應。

我有個朋友在辦公室裡摔壞了手機螢幕，覺得自己好倒楣；接著開車的時候，在轉彎時不小心刮到了路邊停的車，感覺很惱火；回家後她的這種情緒還未消散，便對著老公提前回家精心準備的飯菜各種挑剔，導致兩人大吵一架，甚至鬧到要離婚的地步……

而正能量也是會觸發正面的連鎖效應的。前幾天，我們七個朋友一起去黃山風景區遊玩，本來安排好了行程和出發時間，結果一上高速公路就塞車了，高速公路上的車紋風不動。很多司機和乘客忍不住都下了車，滿臉焦慮地走來走去。

我們就搬出了音響，放著超大聲的音樂，開啟了群魔亂舞模式，我還開了直播。很多網友說「真羨慕你們，能在高速公路上狂舞」、「超酷哦！」

我們的行為也感染了旁邊那些焦灼等待的人，有一個大姐還拉著老公跑過來和我們一起跳了一會兒。

塞了四個小時後，我們趕到目的地。當我們下車時，看到夕陽下美麗的黃山，那光線變幻的美景非常的賞心悅目。如果我們提早到了，就看不到夕陽下這座古鎮的樣貌了。

3

我的一個阿姨去年遇到了人生的大危機——她遇到商業詐騙，損失了全部身家。而她卻豁達地說：「人生總不能太圓滿，晚年有點波折也是正常的。」

其實在我看來，她這一生波折太多了。年輕的時候窮困潦倒，帶著一家老小到城市裡打拚，在冰天雪地裡擺攤做生意，經過很多年的艱苦奮鬥，才有了現在的家業。

可是她卻那麼淡定從容，不放棄對生活的希望。在一無所有後，已經快六十歲的她，找了一間小店準備做點小生意。也許她再也沒有機會在商業上東山再起，但是這種積極的心態，會讓她繼續擁有美好的人生，感受到的幸福並不會因生活的打擊而就此消弭。

有些人總是把「完了完了」、「出大事了」掛在嘴邊，但其實根本沒有發生什麼大不了的事，往往不過就是灑了杯水，跌了個跤，開車走錯了路罷了。

我對這種口頭禪的理解是：**它並不是只是一句口頭禪，它代表了內心的平靜程度和承受能力**。一個泰然自若的人是不會這樣大驚小怪的。人生中需要動用你大量精力去化解的事，其實真的寥寥無幾。

我想我們常說的「大氣」，就是遇事寵辱不驚。像表弟的女友這類不小心將菠蘿掉到裙子上，就沒興致繼續約會的人，遇到大事時肯定也難以承受。她把「全世界都可能無意間冒犯到我」這句話明明白白地寫在了臉上，並暗示別人「不要惹我，你不會感到愉快的！」

煩惱的標準越高，幸福感才越高，也才會過得更好，更能擁有泰然自若面對生活的勇氣。而那些煩惱很多的人，實際上是格局太小，他們不能全方位地應付生活上的瑣碎小事，只能用抱怨來撫平內心的躁鬱。

Part 2

從現在開始，愛要留給自己

平凡如我們，好看的皮囊嫌你醜，有趣的靈魂嫌你俗。
只有認可、接納自己的不完美，把自己過成自己想要的樣子，
才能在日常中自帶氣場！

01 有能力愛自己，有餘力愛別人

1

我有一位朋友是暢銷書作家，他是個溫文儒雅的紳士。

然而，他卻經常顛覆旁人眼中的正經形象，在我面前大秀恩愛，他說：「出版社催稿的手段都不如我老婆，你要是寫不完，她就胡亂幫你接著往下寫，偏偏想像力過度豐富，一會兒幫你通篇走小清新路線，一會兒又變成八點檔戲劇大灑狗血，搞得我哭笑不得啊！」

他看似在吐槽自己的夫人，其實滿臉得意，幸福的不得了的樣子，讓眾人欣慕不已。

他們兩個在結婚之前，各自的生活都過得充實豐富——他到世界各國遊學，她則喜歡到處徒步旅行。兩個人結合後，就進入了對方的世界，把彼此當成嚮導，每天都有新的驚喜。

無獨有偶，日本的一對夫婦也像我朋友那樣，過著有趣又美好的二人生活。

丈夫照著自己家的愛貓外觀，隨手畫了個貓金剛的草圖，就被經營機械工廠的太太做成了成品。

可以想見，這兩個人在結婚前，肯定也是有趣的人，他們都有獨自活得光彩亮麗的能力，也才能夠在遇見對方後，讓彼此的婚姻生活增添更多情趣，達到「一加一，大於二」的境界。

很多人可能覺得「一個人挺好的」是一句自我安慰的話，但其實**擁有獨處的能力，能在獨處中找到自己，才能與全世界相愛，才能找到能和自己幸福地過一輩子的人。**

2

我沒事宅在家時，會認真地打掃屋子。看到家裡煥然一新、乾淨整潔，我的內心就充滿了愉悅。有時我也會換上寬鬆舒適的家居服，點上熏香，放點音樂，窩在沙發上逗逗貓、看看書，隨性而愜意。

如果我精心化妝，弄好頭髮，穿上喜歡的衣服，踩上高跟鞋，卻只是去聽另一個人滔滔不絕地跟我分享他無聊的奮鬥史，只能時不時接個電話、滑滑手機裡無聊的娛樂新聞，那豈不是浪費我的大好時間？倒不如在家看書，提升自己的能力。

也許有人會酸溜溜地說：「一個人生活如果真的那麼美好，那還找什麼另一半啊？」

人們總愛比較哪個好，哪個不好，哪個是對的，哪個是錯的，而不問自己到底想要什麼。我始終認為愛情是很美好的，但它應該是錦上添花，而不是雪中送炭，便不應該強求。

在遇見愛情之前，我們自己要過得很好，積極樂觀地探索這個世界，不斷地自我成長，拓展自己的認知邊界。等他出現時，你們彼此敞開心胸，一起探索未知，感受生活裡的多種樣貌，彼此扶持陪伴，那一定是一件非常美好的事情。

3

所以，在我們嚮往的愛情還沒來臨之前，我們一定要把自己過成自己想要的樣子，而不是始終當一個被選擇的人。因為平凡如我們，好看的皮囊嫌你醜，有趣的靈魂嫌你俗。你要為自己建造一個多彩豐富的世界，才能保持好正面的能量和有益身心的氣場，才能吸引到那些真正可以和自己相處自在的人。

有很多人不懂得如何獨處，總是陷入一段又一段品質低落的感情中無法脫身。他們總認為自己不能有空窗期，因為一個人實在太孤獨了。這個問題深究起來，就涉及了複雜的心理成因，但歸根究底，那是因為他們還沒有長成獨立完整的自我，沒有學會先愛自己，把自己的日子過得風生水起，再順其自然地找到和自己同頻的人。

我們理解的獨立，往往是自給自足。**其實真正的獨立，就是具備建構好自己全部生活的能力——能照顧好自己的身體，也能照顧好自己的心靈。**不對自己犯過的錯念念不忘；不照著鏡子惡意攻擊自己的外表，覺得自己哪裡都不好；不要害怕去實踐自己的想法，不要總是陷入只思考卻不行動的泥沼；不要總是覺得時間來不及了，用年齡給自己壓力；也不要輕易地說自己不行，否認自己的能力。

你一定要認可、接納自己的不完美，對自己寬容，允許自己成長，不斷地學習，用知識拓展認知的邊界。

當你的認知邊界被逐漸擴大以後，你的整個眼界就會逐漸開闊起來。你可能曾經以為自己是花，只能靠著嬌豔的外在吸引蝴蝶的青睞；現在你會發現自己變成了一棵會開花的樹，有強而有力的根去抓住土地，驅動自己成長、向上。

當你枝繁葉茂的時候，將不懼風雨，滿樹花開，樹上有美麗的蝴蝶、蜜蜂和鳥，樹下還有等你的人！

02 長得漂亮是優勢，活得漂亮才是本事

二十七歲以前，我是個思想極度匱乏，自我意識很差的人。

那時，我的世界裡只有兩件事：變漂亮和沉迷於戀愛中。我會因為愛情選擇學校，因為愛情遠走異國他鄉，因為愛情重新改變工作跑道，因為愛情變得歇斯底里，因為愛情於是不停換城市、換工作……

在那幾年裡，我把自己活成一隻寄居蟹——躲在重重的殼裡，不知道自己的價值，只能透過任性耍賴來獲取安全感。

我以為「好看的外表」是自己手握的一張王牌，儘管我有著敏銳的觀察和學習能力，卻從未想過要創造點什麼；重視戀愛關係，卻反而把感情經營得一塌糊塗。

後來，我終於意識到了自己的愚蠢，開始不停地反省自我，並和很

多優秀的女孩交流，向她們虛心請教，學習她們的成功方法。當我的自我意識開始慢慢覺醒，並一點一滴重新設計起自己的生活藍圖，努力地為改變自己而付出行動時，我才慢慢變成了自己喜歡的樣子，才有今天能和大家分享自己故事的J小姐。

我總結出了七項建議，希望能給大家帶來一些思考，釋放自己的生命能量，讓自己的生活發光：

一、像管理企業一樣，制定自己世界的規則

在自我認知的基礎上，每個人都會建構一個自己的世界，這個世界要有秩序，才能保障自己快速成長和迭代。

請不要只是在腦中想像這個世界，而是拿出紙和筆來制訂這個世界

的規則。把你的世界分為幾個區域：生活、工作、情感、關係、興趣等等，每個區域都要設置它的安全區、警惕區、危險區，然後嚴格地遵守它，這樣別人也會尊重你的規則。

拿我自己舉例：

我設置的安全區就是我最核心的情感需求——這個人真誠質樸，就可以繼續發展兩個人的關係。

警惕區——我覺得對方有某些特定的優勢吸引我，但是卻沒有給我真誠質樸的感受，就要提高警覺，防止沉迷。

危險區——絕不踏入任何危險關係之中，時時刻刻提醒自己不要破壞自己設定的規則。

在這個過程中，你會和自己深度對話，會全盤地思考自己的人生。一開始你可能只會寫出幾條廣泛的規則，慢慢地，你就會深化它，感受到經營自己的生活的樂趣。你也會因為有了規則，而變成有存在感和重量的人。

二、每隔一段時間就要試著「斷捨離」

對於「斷捨離」的生活方式，我相信大家一點都不會陌生。我一直覺得有些東西雖然是無形的，但都會消耗我們的能量，比如多餘或不必要的人、事物、關係，都將讓我們的世界過載和淤積，就像家裡堆積了太多垃圾一樣。

所以，我會定期清理衣櫃、鞋櫃和家裡的零碎物品，讓所有留下的物品都是自己所必需的。另外，也要不時清理自己的通訊錄、儲存的知識，以及一些若即若離、不冷不熱的關係。

自我世界規則以外的一切人和事，該刪、該斷的，要果斷地做出抉擇。當你清空了一切累贅，你就會有如釋重負的感覺，好像能隨時奔跑跳躍、勇往直前。在整理時，你一定要捨得，無用的東西千萬不能留。想像自己如果要移民火星，要攜帶的每個物品都需要支持昂貴的運費，那你會選擇帶哪些東西上船呢？

三、像戒菸一樣戒除抱怨和糾結

生活中總會有很多事情讓我們不如意，我們難免會有不舒服的感受。但當不舒服的感受出現了，我們不能只是耽溺其中，而是要想辦法解決，或者先沉澱自己，弄清楚自己真實的感受是什麼。

千萬不要只是一味地跟他人傾訴自己的遭遇，讓抱怨滾成巨大的負能量侵蝕自己，而是走下去釐清自己真實的需求與想法。

糾結是一種具有腐蝕性的情緒，能讓很多體驗變差。

想練習避開糾結，就要先從一些小事著手，比如不要去反覆驗證一些無足輕重的事情。

像是購物完就不要再想著去比價，生活必需品不用猶豫，但不需要的東西則要捨棄，有意義的事情不要拖延等等。

當你習慣了做事乾脆俐落，為自己的行為買單，你的抱怨也就會慢慢消失。

四、像投資人一樣評估自己的投入和收益

不知道大家了不了解「投資人」這個職業。要成為一個優秀的投資人，要分析很多不同階段的創業項目，在投資過程中，需要專注於自己擅長的領域，去研究，並做出決策。

我們每個人，都是自己的投資人，管理著自己的時間帳戶、精力帳戶、情感帳戶和金錢帳戶。該怎麼投資才能讓收益更高，需要我們認真做足功課進行評估。

投資領域

我們要在自己擅長的領域進行投資，比如你擅長社交，你就要找一個能靠社交而產出收益的工作，這樣你為這項工作投入的時間和精力，就會比投入在其他領域，獲得更多的收益。

投資結算

我們往往只對金錢帳戶有投入和產出的意識，其實每個帳戶我們都要定期做結算。你要經常計算自己投入了多少單位的時間和精力，產出了多少收益。比如你花了兩個小時看電影或玩手遊，哪個會產出更多的愉快體驗，哪個讓你有更高層次的精神享受，其實不言而喻。

投資成品評估

比如你花了一萬兩千元在五十個小時內學習了一項技能，得到的不僅僅是學會了這項技能，還能透過學習結識一群志同道合的好友，將來也可以靠它獲得更高的薪資回報。

如果你想節約金錢成本，可以選擇自學，雖然自學最終可能也能獲得相同效果，但是卻要多付出一百倍的時間成本。如果你想節約時間成本，你會發現時間成本與金錢息息相關，想要在短時間內學會一項技能，就要付出更多的金錢成本。這樣你就會根據自己所持有的帳戶，做出投資選擇了。

如果你養成了對自己所投入的任何成本，都事先做好評估的思考習慣，就不會迷失於一段糟糕的感情，拖延必須要做的事情，也會懂得及時停損，這樣你會跑贏更多人。

五、像重視臉蛋一樣重視自己的身形儀態和表情

現在，很多女孩子越來越重視自己的顏值了，所以整形機構門庭若市。我認為對女性來說，比整容更迫切的，是調整好自己的「形」和「態」。

一個塌腰駝背、眉頭緊鎖的盛世美女，和一個抬頭挺胸、面容愉悅

的中等顏值女孩站在一起，可能後者為我們傳遞的美感、帶給他人的正面感受會更多一些。

一個人的顏值固然會對我們的視覺產生巨大的衝擊，但如果沒有良好的「形」和「態」，就會感覺他沒有精神，氣質就會大大減弱。

所以不要對著鏡子糾結自己的五官缺點了，要多看看玻璃牆上自己的身影，那就是我們刻印在別人心中的樣子。

當你的身姿挺拔，就會高出兩公分，兩公分的世界便有著有不一樣的美景。

六、像孩子一樣永保初心，熱愛生活

當你對任何事都打不起精神，會替這個世界製造出一種「衰」的意念，就容易被人欺負。所以任何時候，你都要保持旺盛的生命力，要眼神閃亮，體魄強健，對任何事物都保持好奇之心。

要培養健康、有趣的生活方式，哪怕從公園撿幾片樹葉，夾在書裡當作書籤，或是在午後把手機放下，閱讀一本陶冶性情的書籍，甚至觀察螞蟻搬家，你也會覺得處處都有有趣的事，不再有「無聊」的感受。

當你又重新找回赤子之心，感受到處處充滿趣味的時候，就會產生強大的氣場去重構你的世界。

七、像美食家一樣重新認識食物

現在有很多女生樂於當個「吃貨」，並且真心覺得自己挺萌、挺可愛的。能吃，好像再也不是貶義詞了，「大胃王」直播吃飯，也日益受到了大眾的追捧。

美食是生命的亮光，你要感受到食物的美好，而不僅僅為了果腹，更不要僅僅為了追求人設——「可愛的吃貨」。

我認識一個很厲害的姐姐，她吃飯從不挑食，任何做法的食物都會品嘗，但是從不多吃。她說：「吃東西本來就是種體驗，而不是為了果腹。我們的生活水準早都過了只求溫飽的階段，對食物不能再像動物一樣沒有節制了。」

當我們不放縱自己對食物的本能時，就能延長食物與味蕾纏繞的美感，滿足於食物帶給我們的享受，這過程其實充滿了禪意。

當我們與食物的相處方式改變了，會發現好吃的食物，不僅僅是極端味覺的刺激，還有各種豐富多彩的味道。也因此，我們會重新認識自己的生活，改變自己的飲食習慣和品位。

以上就是我給大家的七個建議。雖然沒有捷徑和明確的行動指南，但你要有懂得改變自己的觀念。

雖然一個人的外表很重要，但是最重要的是他能否活得漂亮——長得漂亮是優勢，活得漂亮才是本事。從愛自己出發，做個自律、積極樂觀、有頭腦的人，這樣，我們就會打從內心開始綻放自己的生命能量，在人群中自帶光芒。

03 當你不再唯愛是從，全世界都會為你讓路

1

銀子「被分手」了。男朋友打電話跟她說：「銀子，我想找個能減輕我的負擔的人，妳知道的，我壓力也很大……」

因為分手，銀子哭得歇斯底里，地上滿是衛生紙。看著她哭，我們幾個在旁邊特別侷促不安，互看了幾眼，就覺得頭皮開始發麻。

按照銀子以往分手的情況推斷，這次她至少要墮落、放縱一個月。未來的一個月，她會三更半夜不睡覺，拉著我們去大馬路上看路燈放

空，會毫無防備地敲我們家的門失聲痛哭，會大把大把地掉頭髮，會眼圈深陷，無精打采⋯⋯

但兩天後再見她時，卻讓我跌破眼鏡。她的眼睛才剛剛消腫，就拉著我參加了一個飯局，打扮得很美，在飯局上談笑風生。

我只顧著觀察銀子沒吃幾口飯，心想她是不是得了創傷後壓力症候群？現在的笑容，不過是自我麻痺，強顏歡笑罷了？

直到她跟一個傳媒大佬聊自己的多媒體矩陣項目，笑得合不攏嘴，我才定了心：這就是銀子，她真的很高興，不是裝的！

我在閨蜜群組裡說：「銀子這種原先喜歡自我折磨，大搞一哭二鬧三上吊戲碼的人，如今分手第二天就能恢復過來，滿臉寫著『我最愛賺錢』，連分手儀式都不重視了，現代的這個社會真的已經完全顛覆我們的想像了⋯⋯」

2

接著，萱萱在群組裡分享了她一個哥兒們和女朋友分手的事。他跟女朋友提出分手後，女朋友哭得稀裡嘩啦的，說心好痛、好難過。

結果第二天，他就看到女朋友跟幾個姐妹在一家五星餐廳門口排隊，還開心地比畫著自己新做的、閃閃發光的美甲。

萱萱那哥兒們憤憤地說：「我女朋友平時被主管批評一下，就沒胃口吃飯，現在分手後卻跟沒事人一樣，真氣人啊！」

萱萱對他說：「被主管批評吃不下飯，是因為那是工作，會影響賺錢啊，能不上火嗎？難道你還以為現在的女孩都把愛情當身家性命嗎？愛情不是女孩子生命中唯一重要的事，好好生活、好好賺錢就是我們的目標。」

3

我們公司有一個小女生，因為男朋友不滿她在新創公司毫無節制地加班，排休的日子也總是錯開放假，就要求她辭職。

小女生拚命跟男朋友撒嬌說：「這個工作，真的讓我超有成就感，可以幫助很多女生找回自信，我超級喜歡……熬過一年就不會這麼忙了……再說你不也很忙嘛……」

男朋友斬釘截鐵地說：「就因為我忙，才不想找個太忙的女朋友，女生找個安逸穩定的工作不好嗎？你要不辭職，要不分手，自己好好考慮吧。」

他們溝通了好幾次，男方都很堅決，最後她只能選擇分手。

早上上班的時候，她的眼睛腫腫的，告訴我們下午去幫她搬家，我們全程大氣都不敢喘一口，就怕哪個呼吸聲戳中了她的哭點。結果第二天她就歡天喜地地約了一個同事去逛家飾店，買了點花花草草，生龍活虎地立刻振作。

她前男友打電話說要跟她吃個飯，小女生還說：「沒必要，分手還搞什麼儀式，浪費時間！」

作為一個已婚婦女，公司的CEO（執行長）聽到後忍不住嘆氣說：「現在九〇後孩子真不同，我當年失戀每次都要死要活的……」

4

很多人認為，能在失戀中快速抽身的人，肯定是愛得不深，其實不然。銀子和男友戀愛一年，經常為了給男友驚喜而絞盡腦汁；她總是想幫收入不高的男友省錢，同時又處處維護他的自尊，一起逛街時假裝自己不想要偏高價位的化妝品，之後再自己偷偷去買回來；男友忘記了重要節日，她也總是不吵不鬧，還會心疼男友，說男友的工作又忙又累，這點小事不算什麼。

我們公司的小女生在大學時，就和男友開始談戀愛了，男友的胃不好，她在宿舍偷偷煮小米粥給他，這麼一煮就堅持了三年；為了經常見到男友，她把自己的房子租在了男友家附近，每天都橫越半個蘇州來上班，毫無怨言。

在愛一個人的時候，她們都全心地付出，用心地對待另一半，無怨無悔地投注熱情。

但是當她們接受已經分手的事實後，她們也都能毅然地走向生命的下一個階段，絲毫不耽溺於失去的痛苦。

銀子說：「我們有過花好月圓、你儂我儂的時刻，罵他其實毫無意義。人生的齒輪一直在不停轉動，我只能繼續向前走，我只有努力把自己送到更高的平臺上去，才會有更多更好的選擇。」

公司裡的小女生也說：「當我意識到他自私地希望我不要追求自己

的愛好、成就，只能支持他的夢想時，我想我也沒什麼留戀的。我這一生也許沒什麼野心，卻從不想只做別人生活的一部分。」

5

當我和公司執行長討論著「現在的女生怎麼變成這樣了，失戀了，擦乾眼淚就能向前跑」的時候，我們內心是無比興奮的。**現在的女人不再唯愛是從了，她們能在愛時溫柔繾綣、毫無保留，也能在失去時俐落前行，不糾纏、不緬懷。**

小女生失戀的時候，我們曾安慰她說：「你一定會找到一個欣賞妳、支持妳的人。」

其實我們知道，即使她暫時遇不到，又有什麼關係呢？她工作表現依然出色，生活依然充實，日子依然美好。**沒有什麼是完美的，失去愛情也是一種帶著美好期待的殘缺，我們接受，但不焦慮。我們不陷入對過去的緬懷中，也不沉迷於對未來的幻想中，過好當下的每一天就好！**

我相信能在這個世界過得幸福的人，就是這類又忙又美又狠的女人。她們知道生活所有的真相，卻依然接受它、熱愛它，而從不單靠愛情支撐自己的精神世界。她們會直球對決自己內心真實的渴望，當機立斷，快速重新振作，立刻復活！

而那些總是糾結，在失去愛情後一蹶不振、避世不前的女孩，只會將自己廣大的世界拱手相讓。

親愛的女人們，妳們切忌糾結、忌焦慮、忌浪費時間、忌被情緒左右。妳們要樂觀、投入，要相信只要活著，就能遇到更多好事，要敢愛而不恨，熱愛當下的每一天，讓全世界為妳讓路！

04 你對自己多看重，別人對你才有多尊重

1

某個週末，我和幾個好久沒見的朋友約了聚餐。結果，我們三個女人在吃飯的時候，聽鈴蘭講她遇到過的各種奇葩壞男人，大家聚精會神地聽到了半夜。

到了散會的時間點，鈴蘭對我說：「到我家去住吧，我家就在附近，正好陪陪我。」

其實，我不喜歡住在別人家裡，怕打擾別人，但是看鈴蘭心情沮喪的樣子，我還是點點頭同意了。

鈴蘭家境小康，父母怕她一個人在外地找對象有困難，老早就幫她

買好了房子、車子，就盼她能找個如意郎君。

到了鈴蘭家門口，她邊輸入密碼，邊自嘲地說：「我這密碼改了五六次了，每失戀一次換一次，家裡好久都沒收拾了，別介意哦。」

雖然我做好心理準備，但還是被滿屋子的淩亂嚇到了，客廳裡堆了雜七雜八的物品：衣服、鞋盒、大大小小的網購紙箱、與裝修極不匹配的塑膠椅、不知放了多久的快餐盒……

「你想睡客房，還是跟我睡啊？」鈴蘭問我。

我看著客房的牆壁因為受潮而變得斑駁，床上鋪的被子也泛著一股怪味，而鈴蘭的臥室裡，床上的被子隨便扔成一團，地上堆著衣服，窗臺上也堆滿了物品，胃裡感覺一陣不舒服。

我正在糾結睡哪兒時，鈴蘭俏皮地說：「今晚就陪我睡吧，明早給你小費。」

我費力地擠出一絲笑意，點了點頭，內心告訴自己：每個人都有自己的生活方式，你不要過度干涉了！

我儘量控制著自己，但洗澡時，聞到下水道口的頭髮和泥垢散發出了陣陣異味，使用的浴巾散發著一股黴味，看見手工皂在一個扭曲的塑膠盒裡被泡得膨脹變形，掛毛巾的欄杆上掛了一堆內衣褲，我的心情簡直糟糕透了。

鈴蘭扔給我一套起了毛球的睡衣，我十分不情願地穿上。躺在床上，質感粗糙的被子讓我感覺很難受，翻來覆去始終難以入睡。

在床上，鈴蘭開始跟我喁喁訴説，我一邊用力扯著被子，一邊望著她的梳妝檯——檯面上雜亂地擺放著十幾瓶名牌化妝品，收納雜物的卻是一個破舊的包裝盒；透明花瓶裡放了幾塊錢、一把梳子和幾把化妝刷，裡面竟還有幾支簽字筆，旁邊散落著幾本書。

我終於明白我的內心為什麼如此鬱悶了，因為鈴蘭並不只是邋遢、懶惰，而是沒有生活的規則和邏輯。

對她來説，這個房子似乎只有遮寒避雨的功能，她覺得日常用品只要滿足最低功能性的需求就夠了，所以可以接受蓋著不夠鬆軟貼身的被子，用著不夠乾爽的毛巾，凌亂擺放著化妝品，找著沒有好品行的男人……

2

這讓我突然想起了，我之前曾偶然拜訪一位前同事的家。因為收入不高，她與人合租的房子又老又破，但她的房間卻細緻整潔——一張床，一個簡易衣櫃，一張長條小桌上鋪著碎花的小桌布，漂亮的窄口玻璃瓶裡插了一束淡紫色的乾燥薰衣草。透過簡單的區別，桌子一半做化妝台，一半做書桌。

我當時就覺得以她對生活的要求，住在這裡只是暫時的。因為她對生活的品味，會促使她不停地努力，從而達到理想的生活狀態。

後來的確如此，她不停地加薪，現在應該也有自己的房子了。

生活對你是慷慨還是殘酷，事實上大多是由自己決定的。

3

思考良久後，我覺得作為朋友，我需要給鈴蘭一些建議。

我抖了抖被子說：「鈴蘭，妳蓋這被子舒服嗎？」

她愣了一下，說：「我覺得還可以啊，我對被子的舒適程度沒什麼概念，覺得都差不多吧。」

「那這個被套貼著皮膚舒服嗎？」我問她。

「也還好啊，我對這些真沒有概念。」她回答。

「妳太不關心自己了，妳活得太粗糙了，這種粗糙讓妳本來柔軟、敏感的身體失去了感知力。如果妳的感知力還在，它能幫妳感知觸碰妳的手指是來自一個什麼樣的人，能讓妳識別惡意，不會讓妳去靠近一個不適合妳的人。但現在妳的感知力消失了，妳的身體也開始將就了。它縱容妳將就地找一個人，當這個人進了妳的家，發現妳對生活的要求如此低，他怎麼會認真地對妳呢？」

鈴蘭用手搓揉著被子，沉默了好久，才說：「親愛的，明天妳陪我去買被子和被套吧，我不太會挑。」

我心疼地拍了拍她的肩膀說：「**等妳的身體習慣了感知溫柔，內心容不下雜亂的時候，一切就都會明媚起來了！**」

我們都是普通人，不會像《安徒生童話》裡的公主一樣嬌貴得隔著幾十層鵝絨被子都能感受到一顆豌豆。**但我希望我們都能厚待自己，在生活的戰場上英姿颯爽地往前衝——只有這樣，別人才不會隨隨便便對待你。**

05 滿足物慾只是愛自己最膚淺的方式

1

朋友欣欣結束了一段糾纏了五年的戀情。見她心情不好，她的閨蜜薇薇約她去泰國散心。

欣欣說這是她五年來，第一次特地出國旅行。

回程時，欣欣傳了幾款手錶的照片給我，請我幫她選一支。我一看手錶的價位都在二十萬左右，雖然說不上極度奢侈，但像欣欣這種精打細算的人，會想買這種錶，著實讓我有點小疑惑。

我試探地問了句：「是要自掏腰包送自己的禮物嗎？」

欣欣回了個翻白眼的貼圖，「不自己花錢買，找誰買呀？又沒男人，再說現在男人有這麼大方嗎？」

「豁出去了啊，對自己這麼豪氣？」我問。

「跟薇薇出來一趟被洗腦了，女人只有好好愛自己才是正道。她在自己臉上砸了大把的錢，看起來像二十出頭，而妳看我這鬆垮垮的皮膚，看起來像三十幾了。就算最後沒存下多少錢，犒賞在自己身上也還算賞心悅目呢！」

的確，在社群上看欣欣和薇薇的合影，感覺就像大小姐帶個小丫鬟出遊。我對欣欣說：「一定要讓我見見薇薇，我想看看能對妳這樣洗腦的，是怎樣的大神。」

我和欣欣的相識算是緣分了。我們一起參加了一個聚會，但不巧的是，我們穿了同款連衣裙。當她看到我們的裙子一樣時，開朗地笑著說「好巧啊」，一點兒也沒有因為她那條裙子是仿冒版而感到尷尬，讓我對她留下了很好的印象。

熟識之後，我跟欣欣聊起了那次撞衫經歷。她大笑著說，她根本看不出正品和山寨有什麼區別，在她眼中，看來昂貴的名牌服飾和便宜的路邊攤貨都一個樣。

欣欣是個粗線條的女孩，她有時候一不小心就把眉毛和眼線都畫得過粗。她一心一意只想存錢，只想跟男友一起買房結婚，如果是要幫自己買一件超過四千元的大衣，她一定會在心裡不停盤算，這件大衣一定得要穿超過十年才划算；但是幫男友買限量款球鞋，卻毫不猶豫火速地找代購下單付清。

我常勸她要把對男友的愛，分給自己一點。欣欣說不知道為什麼，她就是捨得幫對方買東西，不捨得給自己。也許欣欣現在的「頓悟」，跟那個她認為能長長久久走下去的男友突然離開有關吧。

2

後來，我如願以償地見到了薇薇。她穿著一身有質感的連衣裙，拎著上萬元的行李箱映入我的眼簾。

我和欣欣在上海陪她玩了一天，和她接觸的這一天，我思緒萬千。欣欣總會說好羨慕薇薇這樣的姑娘，想買什麼就買什麼，想去哪兒就去哪兒，對自己大方地寵愛，美中不足就是總遇到壞男人。

的確，薇薇社群中發佈的內容，傳遞出了一種愛自己的高級態度——四處旅行、收集各式各樣的精品首飾及包包、品嘗高級的下午茶，享受奢華放鬆的SPA、參觀表演展演等，她的生活模式勢必讓很多人都心生欣羨。

但是，我在跟薇薇聊天時，卻感覺她的話題，總在明星八卦和奢侈品間來回切換，三句不離娛樂新聞和奢侈品。

遊玩的時候，每到一個新景點，她一定會搶先拍照，不僅自拍，還請我和欣欣換各種角度幫她拍。我們跟她介紹相關的人文歷史，她卻充耳不聞，只是忙著用手機修圖，急著發文打卡。

我問欣欣：「你們在泰國的時候，也是這麼旅行的嗎？」

欣欣點點頭說：「是啊，旅遊不就是拍美照留念嗎？」

我仔細觀察薇薇，發現她花了大錢保養的那張臉，似乎缺少了一些氣勢和生氣；身材雖苗條，但手臂和下半身的肌肉卻很鬆弛，走起路來感覺很無力……我忍不住開始懷疑薇薇認知裡的「愛自己」，是不是僅限於捨得為自己花錢而已呢？

我還發現薇薇對任何事物的興趣都不大，美食、美景都只是道具，唯一表現出來的熱情，就是發文，接著等待朋友們的點讚。

3

現在，有很多媒體和女性產品的商家，都在傳遞女人要更愛自己的價值觀，然而其實很多女性並不知道該怎麼做，才算是寵愛自己，真正的對自己好。

「愛自己」具體該做些什麼，並沒有標準答案，因為愛自己的定義因人而異。**但我認為，最基礎的是要照顧好自己的身體，照顧好自己內心的希冀和渴求，讓自己的生活從靈魂深處開始變得飽滿。**

我的好友書涵，她從不允許自己超過晚上十二點就寢。每天早上她都會早起幫自己準備溫熱營養的早餐，把家裡收拾乾淨，用精美的小物點綴自己的房間，點上自己喜歡的精油，做運動，每週讀一本經典的書籍，寫寫書評、影評。

她會為自己安排提升自我的課程，對未知的東西充滿了好奇。愛別人的時候，她會全身心地投入；無法繼續的時候，她就轉身離開，不讓自己和他人糾纏不清。

她非常喜歡潛水，會合理地安排自己的開支，幫自己儲存潛水基金，每年出國與潛水同好們去潛水勝地潛水。她說她每次潛入海底，都會對自然產生敬畏和感激。浮出水面時，就會覺得自己很多狹隘的感受都被大海融化了，彷彿重新獲得了一個純淨的靈魂。

還有辛迪，一位身材極佳的大美女，她喜歡露營、摩托車、徒步、極限運動。她把自己曬得黝黑，身姿矯健挺拔，笑起來熱情爽朗，散發著魅力的光芒……她從來都捨不得花幾萬元買名牌包送給自己，卻非常捨得花上萬元來換摩托車的輪胎。每個見到辛迪的人，都能感受到她滿滿的正能量，她看起來就像是在幸福的潤澤下長大的人，並且從不畏懼各種挑戰。

4

保持良好的運動習慣，或花錢幫自己減肥；保持健康的飲食和睡眠習慣，或花錢做手術、做復健；保持樂觀積極的心態，常常微笑，或花錢幫自己臉上動刀維修……你怎麼選？

每個人愛自己的方式都不同，但單純透過花錢來慰藉自己，卻顯然是膚淺的。

有人說女人只要有錢就能解決九九％的煩惱，肯花錢就能變美，就能瘦下來，就能活得豐富有樂趣。但我更願意對自己有所期待，希望藉由自己的努力，解決九九％的煩惱，包括賺錢。

我們在花錢時，會獲得一定的快感，但當我們在持續地鍛鍊自己的身體、滋養自己的靈魂時，會將魅力投射到外表上，顯得更加美麗、更加自信，令人不可輕視。

愛自己，不該只是在意好看的皮囊，而是連同自己的靈魂也一起珍惜！當你愛上運動時的揮汗如雨，體內熱血蒸騰的水分會從內而外滋潤著肌膚；當你愛上求知和閱讀，你的世界將會沒有邊界地向外打開。

愛自己就是一種了不起的才華，讓你有勇氣和毅力獨自前行，所到之處，皆是美景。

06 你不喜歡自己，是從湊合開始的

1

我去探望剛生下第二胎的姊姊時，買了一套芭比娃娃送給她的大女兒恩恩。收到禮物時，小傢伙激動地擁抱了我好久，坐在地上就開始拆盒子，滿臉都是喜悅。

我想每個女孩子小時候都渴望擁有一套芭比娃娃。看到她喜歡芭比娃娃的樣子，我彷彿看到了小時候的自己。轉眼間，我和曾經一起玩芭比娃娃的玩伴——慧慧、小迪都已經三十多歲了，現在的我們雖過著各自的日子，但仍不時問候對方。

2

慧慧嫁到了重慶，兒子已經三歲了。跟社群裡的「曬娃黨」不一樣的是，兒子更像她的「拍照道具」，時而酷，時而萌，超級可愛。

跟老公吵架之後，她會打扮得美美的，約閨蜜喝下午茶，回家時順便買些昂貴的水果大吃特吃，來補充吵架消耗的能量，然後等著老公乖乖地發紅包道歉。

接兒子時，她會買幾枝鮮花，讓兒子拿在手裡，這樣兒子就不會吵著吃零食，還會微微地嗅一下，說：「花的味道真好聞。」

其實，我們每個人的生活負擔都是一樣的，只是選擇的配置不同，每當我們心情低落，想隨意度過這一天的時候，就要告訴自己：這是你此生最美好的一天。所以多花點兒時間在自己身上，去打扮自己，去給自己添置一件新衣服，以好的心情去迎接每一天！

3

小迪離我比較近，我在蘇州，她在上海，所以我們可以偶爾小聚一下。每次見面，她都會先抱怨上海的房價高、錢不夠花、好男人太少了，然後邊往嘴裡塞著蛋糕邊說：「吃不胖可真好，妳看我就算只吃那麼一點，卻怎麼樣也瘦不下來。」

小迪暗沉的皮膚上滿是粗大的毛孔，鼻頭上混合著黑頭、白頭，滿臉泛著油光，頭髮貼著頭皮往下垂，髮尾枯黃，一身深色的衣服顯得她更加黯淡無光。我跟她說：「拜託，妳能打起精神好好打扮一下自己嗎？妳不想當個內外兼具的女人嗎？」

她的回答基本上都是：「打扮給誰看啊？」、「我天天忙死了哪有時間啊！」、「無所謂了，我是靠才華吃飯的。」

小迪生日時，我送了她一條淡藍色的真絲連衣裙，她試了試說：「好美啊，但是沒什麼場合穿呢。」我無奈地嘆了口氣：「妳把妳的每一天都過得太隨便了，所以連需要美的場合都沒有。」

我深知她的固執已深入骨髓，認為化妝不好卸妝，所以永遠素顏；認為淺色的衣服不好搭配，所以只穿深色衣服；認為不需要見特別的人，所以穿著非常隨便。彷彿在她的生活中，永遠沒有特別的一天，每天都是在湊合中度過。

我把恩恩穿著媽媽的高跟鞋、塗著媽媽的口紅、嘟著嘴巴、抱著芭比娃娃的照片轉傳給小迪，然後跟她說：「還記得小時候喜歡芭比娃娃的妳嗎？如果她看到現在的妳，會不會有些失望呢？」

4

小時候，妳所期待的美麗、優雅、自由和白馬王子，不會因為妳長大了就會自然而然地得到。這一定是一個跟生活不斷妥協的過程：向物質妥協，妳就必須放棄剪裁精良的大衣；向舒適妥協，妳就必須脫掉華美的高跟鞋；向隨意妥協，妳就必須放棄精緻的妝容。

因為不斷地妥協，妳會活得越來越粗糙，最後發現連自己都喜歡不起來了。妳便會抱怨這一切，都是生活強加給妳的，妳沒得選。

妳從沒想過那個曾經為芭比娃娃做衣服，期待美好的人，是如何向庸俗妥協的。妳一點一滴地喪失自己的領地，過著湊合的生活，談著不痛不癢的戀愛。看著勝利者們燃放的漫天煙花，妳激動地說好美，然後抱怨自己怎麼沒這麼幸運。

重新拾起妳對美好的期待吧！重新遇見那個愛著芭比娃娃的妳，請努力讓小時候的妳遇到現在的妳時，會激動地說：「這就是我想像中長大的樣子啊！」

Part 3

不被定義，才是最好的定義

當你接納了自己的不完美，世界才會認可你。
餘生很長，不必慌張。
有時候，人生的某些彎路，我們是非走不可的，
只有這樣，才能更好地看見未來的路。

01 別讓你的幸福，毀在別人的嘴裡

1

我媽是那種下樓倒垃圾也要穿戴整齊的女人。在我十二歲時，我媽和我爸離婚了。我媽覺得我爸雖然人很好，但是兩個人個性不合，沒辦法繼續相處。在外婆眼裡，她的女婿高大英俊，不僅能賺錢，還孝順顧家，反而是女兒任性自私，不考慮孩子和父母的感受。

我至今仍記得媽媽帶著我離開家時，流著眼淚對我說的一句話：「希望妳能理解媽媽，一輩子太長了。」

我十六歲時，繼父出現了，他個子不高、相貌平平，但整個人看起來乾淨清爽，笑起來很溫和，我對他竟沒有排斥感。

他會為媽媽的花花草草，換上漂亮的花盆；幫媽媽新買的淡綠格子桌布，配上新的餐具；為媽媽的紅色連衣裙，配上一雙乳白色的方跟皮鞋；幫我把用鐵環勾著的幾把鑰匙，換上一個漂亮的鑰匙扣。

他會拉著媽媽的手，一起去江邊看日出或日落；他會帶媽媽去濕地公園拍攝花鳥，告訴她每一種植物的名字和故事，並帶回幾根掉落的樹枝，插在古樸的花瓶裡，擺在我的書桌上。

媽媽喜歡做菜，每次她隆重推出自己的新菜時，繼父總會拉著我，一起漱好口、衣著整齊地端坐在餐桌前，像美食家一樣點評新菜，逗得媽媽咯咯直笑。

繼父還是個「過節狂」，他說生活就該有年有節，有時有令，這樣的日子才有層次感。對於不同的節日，他都有不同的慶祝方式，並送我們不同的禮物。

有一次，媽媽生病住院，我去醫院時，看到了媽媽的床頭放著一束百合，淡綠色瓷碗裡盛著小塊的水果。繼父坐在床邊，旁若無人地為媽媽讀書。

旁邊病床上的阿姨側著頭，滿臉羨慕地看著這一幕。我忽然鼻子一酸，終於理解了媽媽的那一句「一輩子太長了」。

2

我回去參加表妹的婚禮的時候，親友們都催我結婚，媽媽和繼父淡然地說：「她能過好自己的生活就可以了，結婚也急不得。」然後，他們就被親友們冠上了「奇葩父母」的稱號，背地裡說怪不得他們養的孩子那麼任性。

可是我知道自己並非是任性，只是覺得要先打理好自己的生活，才能和那個對的人相遇。

在我媽的影響下，我似乎也對生活品質比較在意，覺得那個「他」必須和我一樣熱愛生活，講究生活的品質，喜歡有品味的生活。每當好心的閨蜜為我介紹對象時，我都會比較慎重，如果那個和自己志趣相投的人還遲遲沒有出現，我願意等。

3

我至今還記得，某一次在飛機上，一位男士給我留下的深刻印象。他穿著白色襯衫和白色修身長褲，上身套了一件短款的灰色針織衫，腕上戴著一款羅馬字的小三針手錶，指甲修剪得光滑平整，身上散發著淡淡的海洋調香水的味道。

不僅如此，他還舉止穩重，說話語調平實溫和。這讓八個小時的長途飛行變得美好了起來！

或許這就是最好的修養吧！他身上的每個細節，都讓陌生人覺得舒適恬淡，從心裡發出讚嘆，並把正能量傳遞給你，而不是讓身旁的人不由自主地向外挪動身子。

其實，有質感的生活並不一定昂貴，只要對生活的細節充滿要求，而不是囫圇、潦草地過每一天，就能成為一個有品味又美好的人——每天好好地洗臉，把衣服燙平，不同場合穿不同的衣服，每天更換貼身的衣物，保持讀書的習慣，有一顆好奇心……

一輩子很長，你要做一個有質感的人，我希望我找的那個人，不會輕率隨便的對待生活，而是願意花心思把冗長的歲月，分割成一個個充滿喜悅的小時刻。

不要過於在乎別人的想法，你要為自己一輩子的幸福負責，別讓你的幸福，毀在別人的嘴裡。

02 真正有質感的生活，從來都不貴

1

有一段時間，「質感生活」在網絡上掀起了一陣潮流，連男性的擇偶標準裡，也開始加入「質感」這個詞了。

一位資深的黃金單身漢說：「其實年齡無所謂，但必須要有精緻的生活態度，跟一個品味粗糙的伴侶過那種鑰匙用鐵圈將就拴著、隨便往手機殼裡塞錢的窮酸日子，還不如單身。」

這不禁讓我想起了五年前的一個同事，她每天掛在嘴邊的詞就是「有質感」。

她長相清秀，活潑開朗，作為公司的門面——櫃臺，她每天都化著精緻的妝容，穿著講究；她熟知各種奢侈品的新款、口紅的流行色號、高檔酒店的下午茶菜單，還能把甜品、咖啡拍出唯美的模樣。

茶餘飯後，她經常教育公司的實習生——

「妳看妳光禿禿的指甲，不能去美甲嗎？女孩子要有質感呀！」

「妳用開架美妝？太沒有質感了，妳知道它的粉質有多粗糙嗎？」

「想吃麻辣燙叫外送就可以了，千萬別坐到路邊攤上去吃，顯得太沒質感了！」

「妳要有質感，妳男朋友才捨得幫妳買好東西呀！」

就這樣一個化妝包裡都是名牌化妝品、指甲閃亮的「有質感」女孩，電腦桌上的物品卻是亂七八糟的。作為公司的行政人員，她卻經常搞錯文件，丟三落四，上司曾經忍不住呵斥她：「拜託妳在工作上能不能『有質感』一點？」

她的工作態度也很直接：「我就是想找一個安穩、壓力小的工作，有足夠的時間去生活，這樣才能過得有質感，我才不想加班熬夜，活得那麼粗糙呢！」

2

有品味的生活態度，會令生活充滿儀式感，但是如果只是把「質感」放在物質層面上，只會讓自己的物欲無限膨脹，形成一味地追求虛榮假象，對自己現有的生活嫌棄的心理，反而會失去很多對生活美好的感知。

現在，很多社群媒體都在寫，女生該過什麼樣的生活——〈妳混得不好，因為穿得太便宜〉、〈有格調的女孩子是不會擠公車的〉、〈妳用開架式的口紅，妳男朋友就送妳便宜貨〉……這樣的標題都吸引了無數個讚，不斷地刺激著女孩們的物欲；再加上各路網紅、部落客不時更新自己精緻的生活——下午茶、旅行、ＳＰＡ，色號齊全的名牌口紅，限量包款，洗腦我們彷彿質感生活就等同於買奢侈品。

很多女生無奈地說：「沒錢，怎麼能撐起有質感的生活呢？」

有網友根據各種部落客對質感生活的定義，計算出月薪十二萬，是質感生活的起跑線；還有一個有質感的上海姑娘，公開自己月消費四十八萬的數據，才能達到小康的生活水平。

這讓很多女孩感覺很絕望。自己勤勤懇懇地奮鬥，質感生活卻遙不可及。

受到這些論調的影響，有的女性對金錢的渴望開始加劇，三觀開始歪曲：「不要交固定的男朋友，找個會幫妳買包的，找個會幫妳買化妝品的，找個請妳吃飯喝茶的，否則這些開銷光是依靠同一個男朋友，他會跑的……」

我們都想過更好的生活，卻錯誤地認為更好的生活，就是買更好的東西，去更高級的地方。

3

跟GUCCI的新款包包比，ZARA的包包可能會顯得捉襟見肘；跟馬爾地夫比，城市裡的濕地公園可能根本不值一提；跟北海道空運的生魚片比，麻辣燙可能會顯得低級寒酸……

但為了夢寐以求的優雅生活，在最美的年華裡不去愛，不去奮鬥，不去憧憬，為了那些表面的質感、高級而虛度光陰，從不思考這些堆積在身上或包包裡的物品，真的能為妳帶來愉悅和滿足嗎？

我曾經分享過一個女同事的故事，她在領著最低薪資的時候，跟其他人在公司附近合租房子。她的房間雖然簡陋破舊，卻收拾得乾淨整潔。一張床，一個簡易的衣櫃，一張長條小桌上鋪著碎花桌布，漂亮的窄口玻璃瓶裡插了一束淡紫色的乾燥薰衣草。她的床包是細緻的棉料，邊角包邊都收得很好，被子看起來鬆軟舒適。

她的衣服不多，不昂貴也不廉價，沒有走在時尚的尖端，卻非常得體；化妝手法生疏，但面容明亮；工作起來一絲不苟，總能主動地協助他人，讓人覺得特別周到與值得信任。

當整個公司集體加班到精神萎靡時，你望向她的位置，會發現她還是挺拔地坐在那裡。

當時，我就想，這真是一個活得富有品味的女性啊！

無論她以後在哪裡任職，哪裡就會充滿美好和生機；無論她做什麼工作，都會是優秀的。

格局簡陋的出租公寓，她一定不會屈就太久，她遲早能為自己掙來與這種質感生活態度匹配的一切。

4

我認為**「質感」絕不是一種物質上的奢侈，而是即使長在沙漠裡，也能開出一朵花來的旺盛生命力**。無論你的收入有多少，做什麼工作，只要把每一天、每一件事，都賦予自己的熱愛和溫度，認真地呵護自己對美好的感知力，那生活一定是有品味又有質感的。

我過去住的房子對面有一家快餐店，快餐店門口有一個阿姨擺了個煎餅攤賣煎餅。她穿著潔白的圍裙，戴著乾淨的口罩，頭髮梳得很整齊，站姿挺拔，聲音溫和，看著她的穿著，我就覺得她賣的煎餅一定也好吃乾淨。

不同於其他的煎餅攤，總是用髒髒舊舊的塑膠瓶子盛裝醬料，阿姨用的都是漂亮的透明玻璃瓶。她把蔥花切得均勻整齊，煎餅煎得邊角圓潤、薄厚均勻，動作麻利又細緻。她每次微笑著把熱呼呼的煎餅遞給顧客後，會馬上擦一下自己工作臺和瓶子邊緣掉落的醬汁。

所以，在那段時間，我幾乎每天早上都去那裡買煎餅吃，每天駐足等煎餅的那幾分鐘，看著一道精緻美食的創作過程，我一點都不覺得煎餅會比米其林少了什麼情懷和匠心，它讓我的早晨充滿了美好。

精緻，不是你看別人有什麼自己所沒有的，就拚命去追求，而不考慮自己是否需要；而是看你有什麼，並欣賞你擁有的一切，從中獲得更多的喜悅。

引用一位朋友的一段話，這段話深得我心：

品味就是我有一瓣花瓣，就研磨成末吹散在屋內聞香味；我有一朵花，就別在鬢角，讓自己看起來賞心悅目；我有一簇花，除了戴在頭上一朵，我還把它放進花瓶裡，讓整個房間明媚燦爛……

願你先感激你所擁有的一切，再繼續追求更美好的自己。

願你的品味讓你高雅，走到哪裡，都充滿美和生機！

03 過減法的人生，從不糾結

1

如果讓我選一個自己最佩服的人，我絕對會選擇馮佳麗。

這絕不是因為馮佳麗在去年一年時間裡創了業、融了資、通過了全國司法考試、練出了好身材，同時還一場都沒錯過地去看了電影、話劇、音樂會、演講，元旦還帶父母去塞班島度了假……而是因為馮佳麗的生活準則，她說：「我的時間的確比大多數人多出了三分之一，因為他們把時間都浪費在了糾結上面。」

不糾結，就是她行事的風格，是她做事高效率的原因。

我認為自己不是一個特別容易糾結的人，但跟馮佳麗比，已經算是

「糾結狂」了。她是那種做任何決策都超級迅速的人，而且在她的字典裡沒有「早知道……就……」這種句型。

買房，她看兩間就能付訂，房子隔周就升值了；換車，她會找個懂車的朋友推薦，不試駕直接就買下來。來回找資料進行比較這種事，她說除了當初大學選填志願，之後就再也沒幹過了。

在餐廳我們一般總會糾結點什麼餐，但只要跟她一起吃飯，點菜的效率就特別高。在熱門用餐時段時，她選擇去不需要排隊的餐廳，點餐也直接選社群上評分最高的，或者直接問現場的服務人員，客人最常點的餐點是什麼。

我們跟她說：「不要聽服務人員的，因為餐廳的工作人員肯定會推薦利潤最高的。」

馮佳麗卻說：「最壞的結果是難吃，這風險又不是不能承受，為什麼非要自己糾結半天，浪費時間呢？」

馮佳麗買保養品，就只買適合自己膚質的，其中哪一個品項人氣高就買什麼。不挑包裝好看的，而是直接在網路上找銷量第一的，買衣服、包包等這類的配件，就拉上我幫她挑，一旦試好就立刻結帳。後來她索性也不去逛街了，請我去逛街時，直接幫她買。

馮佳麗請我幫她挑選眼鏡，我說：「妳的臉型戴什麼眼鏡都不好看，去做近視手術吧，再割個雙眼皮。」

她說：「好啊，幫我約妳熟悉的醫生，明天可以嗎？兩個手術能一起做嗎？」

聽了這話，我簡直是瞠目結舌，跟她說：「妳不再好好考慮，仔細評估一下嗎？」

「我有什麼好考慮的，妳是『臭美專家』啊，妳們這些專家就是幫助我們簡化決策步驟的，懂嗎？」她說。

「妳不怕老了以後會瞎嗎？」我問。

她卻氣定神閒地說：「老了最多瞎十年，醜卻至少存在三十年，兩害相權取其輕啊。」

2

馮佳麗剛剛升職，卻立刻換了工作，這簡直讓我跌破眼鏡。

她淡定地說：「我本來也沒想過要跳槽，但在與某總交流的時候，我覺得他思路清晰，一定大有作為。如今我的職業生涯已經到頂了，再想發展只能是跳槽了，為什麼不趁著有好機會馬上離開呢？」

馮佳麗在事業做得風生水起時，又跑去創業了。當時，她現在的合夥人找她聊了一次，隔天她就回覆「ＯＫ」，然後馬上辭職。

我說：「妳別這麼草率啊，創業不是兒戲，搞不好……」

她打斷我說：「哎呀，做什麼沒風險？我創業的產品見效快，效益也高，一年內基本就能見分曉，真的失敗了也不可能一無所獲，最壞的結果就是回來打工。結果可承擔，就去做啊！」

值得一提的是，現在她的事業做得很好，剛剛完成Ａ輪融資，他們業界的人都稱讚她：「小馮，妳時間算得可真準啊！」

3

有一次，我想傳訊息給我當時喜歡的曖昧對象，正在想該怎麼開鬬，反反覆覆地輸入後又刪除。她一把奪過手機說：「我看妳這樣，就想起我一個朋友，買衣服時一件衣服反覆試穿，看著真難受。」

然後，她幫我編輯並發送了訊息：「我想見你，出來好嗎？」

我正大呼小叫、冷汗直流地跟她搶手機時，對方卻回覆了：「好啊，妳在哪裡？」

馮佳麗翻著白眼說：「小姐，開心了吧？」我瞪了她一眼，但是心裡確實很開心。

跟馮佳麗在一起，我總覺得神清氣爽，感覺這個世界根本不存在障礙，糾結也一定不會憑空產生。

我見過幾次馮佳麗講電話，她會直接打斷別人的客套話，請對方直接切入正題，就算對方可能是主管或客戶都一樣。我驚呼：「妳可真不怕得罪人啊！」

他卻說：「當妳確定了這件事涉及你們的共同利益，完全沒必要糾結於怎麼表達會更好聽。」

本著「吸引力法則」，她的伴侶也是和她一樣的性格——說做就做，絕不糾結。兩個人相約一起考過了司法考試，一起爬了三座高山，一起瀟灑地生活、工作，非常幸福美滿。

4

馮佳麗說：「愛糾結的人，眉頭都是彆扭的。人生中有多少需要你戒慎恐懼、思來想去的事？況且真有這樣的事，是你糾結就能解決的嗎？糾結不但浪費時間，在糾結過程中所產生的壞情緒，還會影響幸福指數！」

我問馮佳麗該如何改掉做事糾結的習慣，她說：「相信身邊的專家們，他們只要在某個方面比你專業，比你付出了更多的時間，研究了這一領域的東西，那你就值得聽他們的意見。時間就是生命，不容許浪費在無謂的糾結！」

一個不糾結的人，在生活中懂得當機立斷，會把日子過得酣暢淋漓，瀟灑肆意。當我們還在糾結要不要起床時，他已經吃好了早餐；當我們糾結要不要出發時，他已在路上；當我們糾結該選擇哪一個機會時，他已經開疆拓土，披荊斬棘……

懂得生活的人，總是在做減法。跟這樣的人生活在一個都市叢林中，不是很暢快嗎？

04 手捧保溫杯，你也可以回到十八歲

1

有天，我和一個男性好友一起吃飯。他的女友忽然「查勤」，非讓他拍一小段影片，他把滿桌的食物和我一起錄進影片傳了過去。

結果他不小心按到擴音，女友回覆的語音訊息立刻傳了出來——軟綿綿又帶著幽怨的腔調說：「你又和那個老女人在一起……」

我的第一反應是開他的玩笑：「哎呀，你什麼時候找到富婆包養了？」當下他不敢噤聲地盯著我看了二秒鐘，空氣忽然凝固。我才反應過來，原來女友口中說的「老女人」竟然是我，我立刻大聲地說：「我才三十歲！」

其實我是個無齡感的人，可是最近總是莫名其妙地被提醒著自己的年齡。不只是被朋友的女友說是「老女人」，我們公司新招聘的一個實習生，也讓我有點危機感。實習生才二十歲，工作起來卻雷厲風行，不敢想像十年後，她會變成怎樣的「職場女魔頭」！

2

前段時間，一張黑豹樂隊鼓手手捧保溫杯的照片被大家瘋傳，拍這張照片的記者說：「難以置信啊！當年那個鐵漢般的玩搖滾的男人，竟然會手捧保溫杯向我走來。」還有網友戲謔地問：「保溫杯裡放枸杞了嗎？」

在「大姨媽」來了還是硬要吃冰淇淋的年紀，我敢去談一場跨國戀愛，敢在回國後「不務正業」地開一家咖啡店，敢為了一句承諾去海角天涯，敢刷爆信用卡買自己喜歡的東西，敢對自己看不慣的人和事嗤之以鼻，敢跟父母吵得不可開交……活得自由又囂張。

可是現在，我桌上的保溫杯裡面泡著黃耆，初戀男友現在的髮際線已經明顯退到天際。這讓我緩緩意識到，自己已經從可樂加冰、夜店狂歡的不羈少女，變成了盛夏也要手捧保溫杯的中年女人了。

我開始把愛情當成一件錦上添花的事，不再強求一段不合適的愛情；不再迷戀付出帶給我的快感；我學會了投資和理財，把大部分的熱情都給了讓自己有自信的工作；我開始會換位思考了，眼裡看到的不再非黑即白；看到父母皺眉頭，我都不忍心再多說一句……這些變化讓我覺得自己活得充實有力！

我喜歡手捧保溫杯的自己，卻也從來沒後悔過年少時做的事；我懷念二十歲滿臉膠原蛋白的自己，卻也從來不曾對自己眼角出現魚尾紋而感到恐慌。

我相信女人都是美的，任何階段都是美的，有青春活力的美，有知性優雅的美，也有淡定從容的美。

3

前段時間，在網路上很紅的「凍齡美女」許路兒，引發了很多網友的羨慕，因為四十歲的她還有滿滿的少女感。我很佩服能把自己保養得很好的女人，因為她們往往都有極度的自律性和好習慣。

但是，我更希望自己在四十多歲時，能更像俞飛鴻，因為她總是帶著一股歲月雕琢過的從容淡定，和熱愛著生活的溫熱感，美得沁人心脾；還有五十多歲的鄔君梅，她的臉上永遠都是滿滿的自信，讓人覺得她是一個認真生活的人。

歲月根本就帶不走一個人的美麗，因為美麗不只看容顏，還要看一個人的精神狀態和心境，這一切與歲數根本無關。

如果妳用心經營自己的生活，愛每個階段的自己；關照自己的身體，有好的運動習慣和飲食習慣；關愛自己的內心，有自己的興趣愛好，對生活認真積極，那麼妳必定身體挺拔、衣著得體、面帶善意、散發自信，這樣的女人無論多少歲，都一定是美的。

不要去強留自己二十歲的樣子，也不要故作成熟滄桑。我們要懷著一顆好奇的、積極的心，遊走在這個繽紛的世界之中。

二十歲要努力學習，三十歲要拚命工作，四十歲要淡定從容，五十歲要處變不驚，六十歲要依舊有好奇心……永遠熱愛，永遠昂首闊步走在人生的道路上。

停止對自己無理的苛責吧！不運動，就別抱怨自己皮膚下垂，身材走樣；嫌護膚麻煩，就別抱怨自己膚色差；不懂搭配也不學習，就別抱怨自己穿什麼都不好看；對新鮮事物沒有求知欲，就別抱怨生活沒有新鮮感；不盡心盡力地過好每一天，就別抱怨日子無聊透頂……

當我們用保溫杯替代了冰可樂，是我們知道該開始對自己好了，該照顧自己的身體了，該滿足自己內心真實的希冀與渴求了。停止一切抱怨，把每一天都過得盡心盡力。就算現在我們手捧保溫杯，也可以像十八歲那樣，充滿活力，所向披靡！

O5 能把生活經營好的人，一定很「善變」

1

某一天，我和表妹一起逛生鮮超市，我們看到了很多情侶在一起挑選蔬果，畫面十分溫馨。表妹嚷嚷著以後找男朋友一定要找個愛逛超市的，因為這樣的人更有生活情調。

突然，表妹停住了腳步，目不轉睛地盯著一個正在挑選火龍果的女士，看了一會兒後，小聲地說：「挑火龍果的那個女的，好像是我們公司的施總。」

我順著她的眼神望過去，看到了一位腰背筆直的女士，她的低馬尾撇在了修長的脖頸一側，穿著一件淡藍的連衣裙，外面套了件質地柔軟的開衫毛衣，看起來歲月靜好。她正調皮地把一塊水果往一位男士的嘴裡塞，這位男士愉快地吃了下去，一臉寵溺地笑著……那場景讓我忽然想去談個戀愛，甚至毫不猶豫地買幾個火龍果。

2

仔細地觀察了一會兒，表妹驚訝地說：「我的天哪，還真的是我們的施總啊！」

「妳那麼驚訝幹嘛？遇到主管有這麼值得驚嚇嗎？」我問。

「妳不知道，在公司裡，她可是有名的鐵腕總監，平時不苟言笑、不近人情。有次供應商過來大吵大鬧，她一出場，場面頓時安靜了下來，妳能想像當時那種場景嗎？現在她這小女人的模樣簡直顛覆了我的三觀。」

「妳的三觀早該被顛覆了，難道她跟自己老公在一起，還要像個主管一樣嗎？這才是高情商的女人——懂得切換自己的角色。」

表妹悻悻地說：「妳說她情商高？在公司，我們都不喜歡她，她跟我們溝通從來不注意她講話的方式。」

「妳們不喜歡他，會影響她的工作效率嗎？會影響她在公司被升遷加薪嗎？」

「好像什麼影響都沒有，前陣子才聽到集團內部傳出消息，她好像又要高升了。」

「所以高情商不是討所有人喜歡，而是讓重視她的人喜歡她。」

「這也太功利了吧。」

「想討所有人歡心的人，自己的生活一定很糟糕。」我說。

3

在這個社會中，女人要扮演的角色有很多，員工、妻子、母親、女兒、兒媳、閨蜜等等。那些生活一團糟，見面就要抱怨的女性，從根本上來說，便是不懂角色切換。

我的一位朋友洛洛，是一名老師。每次她跟我訴苦，不外乎是跟爸媽吵架，或是跟婆婆爭執，不然就是跟老公嘔氣……訴苦的原因通常都是，她請別人做的事，別人總是拒絕，她還認為自己是為了那個人好，對於被「誤解」耿耿於懷。

有一次，我跟洛洛夫妻倆一起吃飯，目睹了他們吵架場景：

洛洛在使用飯店餐具前，習慣用飲用水先洗一遍，而她老公卻拿了就用。洛洛皺著眉頭說：「說多少遍了，你就是不聽，這些餐具都髒得很，洗一下很費勁嗎？真是懶死了。」

洛洛老公不喜歡吃芹菜，洛洛就不停地叨念：「芹菜富含纖維，對身體好，你怎麼這麼挑食……你腿抖什麼啊？這種餐巾紙不能用，都有螢光劑，說了多少遍了……」

洛洛老公終於忍不住了，大聲說：「吃個飯，妳的話怎麼這麼多啊，能不能停會兒啊？」

洛洛立刻發飆了：「我哪裡說得不對了，本來你就不該……」

我勸了會兒架，兩人終於停止了爭吵。

洛洛老公沉默了一會兒，抱怨說：「洛洛確實都是好意，但說話的口氣永遠都是挑剔和命令的方式，和我這樣說話就算了，和我爸媽、和她爸媽都這樣，真受不了她，我們又不是她的學生。」

洛洛正準備反駁，我打斷了她：「妳得懂一個道理，回到家以後，妳就不是老師了，妳不能把這些工作習慣都帶回家來，就像妳也不能把家裡的狀態帶去上班是一樣的，妳要會切換角色。」

4

我帶洛洛認識了我的閨蜜郝佳，她是我眼裡最厲害的女人。並不是說她是女強人或者有什麼偉大成就，而是她非常擅長切換角色。

在職場上，她跟人交流的方式非常直接，該爭的當仁不讓，私下和同事來往也不多，她認為職場關係就應該簡單些。

作為妻子，她回家就秒變「傻大姐」，身高直逼一百八十公分的她，卻喜歡跟老公撒嬌賣萌。聽他們聊天的對話，就感覺兩個人是智商不夠的小屁孩——

「老公，為什麼藥是苦的？」

「因為做成甜的，妳一次會喝掉一瓶。」

作為媽媽，郝佳在帶孩子時，能把自己瞬間切換成一個有愛的媽媽，與孩子共同成長。她會很有耐心地跟孩子說：「這個問題，媽媽也不懂啊，這樣吧，我去書上找答案，你去學校問老師，然後我們交換答案好不好？」

作為朋友，她平時幽默感十足，能瘋能玩，是絕對的暖場高手，什麼話到了她嘴裡，都會變得有趣，讓人忍不住笑意。

但令我最驚訝的是，作為女兒，郝佳是個十足孝順的孩子，對待父母總能細心體貼，是個名符其實的「小棉襖」，無論媽媽怎麼嘮叨她，她從不反駁。

朋友們對郝佳說：「妳整天換著各種面具戴，會不會累瘋？」

郝佳翻了個白眼說：「你們不知道人本來就是多重面貌的嗎？不同的角色，就要展現不同的面貌，但是這些面貌都是真實的你，不是演出來的。那些總是用同一面貌對待所有人的，叫情商低。」

只有這樣「善變」的女人，才能把日子過得有滋有味！

5

我見過很多在職場上當主管當習慣的人，在家裡跟父母對話也總是呼來喚去；做財務工作久了的人，對家裡的支出也控制得令人髮指；還有做業務做久了的人，跟朋友說話都習慣推銷……對於這些行為，我們只能理解為，他們沒有快速切換自己角色的能力。

溫柔、精緻、敢拚敢闖、天真、堅強、冷靜、執著……這些特質並不是不能同時存在。真正厲害的人，是像郝佳一樣，能把自己最好的一面展現出來，每個角色都扮演得遊刃有餘。

最後，送給身邊的女孩們一句話共勉：願妳有高跟鞋也有球鞋，能喝茶也能喝酒；願妳有勇敢的朋友，也有厲害的對手；願妳對過往的一切都情深義重，但從不回頭；願妳擁有美麗，擁有溫柔，對生活的殘酷也仍保有狠勁。

O6 高跟鞋有高跟鞋的驕傲，平底鞋有平底鞋的格調

1

一天，我跟朋友一起吃晚飯，旁邊坐了兩個剛剛逛完街，收穫滿滿的女孩。

穿高跟鞋的女孩叫著說：「累死了，半條命都要沒了！」

穿平底鞋的女孩說：「活該，誰叫妳逛街還穿高跟鞋……我就搞不懂了，高跟鞋這東西穿著又累腳又疼，妳們怎麼還自願服刑呢？」

「高跟鞋女孩」撇撇嘴說：「妳懂什麼，穿上高跟鞋又自信又美，

穿平底鞋就覺得腿短了半截兒。」

「平底鞋女孩」一臉不屑地反擊：「看起來美有什麼用啊，自己舒服才最重要。」

聽著兩個女孩的爭論，我看了看自己腳上十公分高的高跟鞋。下午的時候，我還穿著它參加了一場活動，站了整整三個小時，腳又痠又痛……的確，高跟鞋太不舒適了！

我有個很「文青」的女性朋友曾在社群媒體上發過一篇文：「扔掉了全部的高跟鞋，從此以後，只為自由！」高跟鞋不只是穿上後容易不舒適，很多女人還認為它是一種束縛，穿上它就不能像小鹿一樣歡快地奔跑。

但為什麼還有那麼多女性甘願穿著高跟鞋逛街、上班、演講呢？因為美？因為自信？因為挺拔？

2

我記得我曾看過一篇寫汽車歷史的文章，大概寫的是：德國人認為汽車是代替馬車的，所以會更注重動力；日本人認為汽車是代替轎子的，所以更注重內裝。不同的性能，就會吸引不同的客群購買。

同樣是與鞋有關的、關於自由的討論，朋友圈裡的「文青」認為丟掉高跟鞋，穿上平底鞋，會讓人感覺無拘無束，可以任意奔跑。

而我的朋友徐婭卻認為穿上高跟鞋會抬頭挺胸，走路有風，全世界都會為她讓路。

她說每次她特別難過的時候，都會踩著十公分的高跟鞋到街上漫無目的地行走。當她穿過人群，走過一個個路口，走著走著她的內心世界就通透了，痛苦就被甩開了。

我記得我曾看過一本描寫在華爾街從事金融工作的女性的圖書，引言裡的一句話讓我印象特別深刻：

每一個成功女性的腳後跟，都有一部血淚史。書裡有個女性說：「我買了一雙新的高跟鞋，穿上它感覺自己更高了，可以和那個野蠻的上司平視了，在那一刻，我不再畏懼發表自己的想法了……是高跟鞋給了我力量，讓我忽然自信了起來。」

穿著高跟鞋的時候，她覺得自己彷彿就是這個宇宙的中心，有一種淚流滿面的感覺。

如果我們把高跟鞋單純地視為走路的工具，那一定是不舒適，且難以忍受的選擇。

但如果我們把它當成幫妳在這個暗潮洶湧的世界裡披荊斬棘的武器，妳雖然必須要為此付出疼痛的代價，但妳也能因此獲得增添自信、傲視眾人的勇氣。就像下午的活動，我穿著它站在那裡時，一點也沒有感到痛苦。

3

平底鞋的安全感，高跟鞋的力量，總是讓我們難以選擇。

我十一歲放暑假時，去我舅舅的公司玩。當時我坐在前臺的沙發上看書，累了就斜躺下了。這時有一雙黑色的高跟鞋，啪嗒啪嗒地一步步走進我的視線，穩健且有力量，我竟莫名其妙地感到敬佩。

高跟鞋的主人是一位四十多歲的女士，她是公司裡的職業經理人。她對我微微笑了一下，從那以後，我就很想快點長大，想早點穿上高跟鞋。我認為那是女人的權杖，能讓女人更美、更挺拔，同時更有自信。

長大後，我幫自己買了很多雙鞋，既有高跟鞋又有平底鞋。我會在不同場合穿上它們，讓它們帶我去我想去的地方，帶我去開拓戰場，展現多面的自己。

平底鞋讓我能做隻雀躍的小鳥，想飛到哪裡就飛到哪裡；高跟鞋能讓我更有自信，當鞋跟與地面親吻的時候，我就感覺自己有無窮的力量。高跟鞋有高跟鞋的驕傲，平底鞋有平底鞋的格調，妳無須糾結穿什麼鞋，因為穿什麼樣的鞋子，僅僅取決於妳想用什麼心情，前往什麼樣的場合。

不用在乎別人的想法，妳只需要瀟灑肆意地走自己的路！

07 小家子氣，絕不僅僅是因為缺錢

1

有個讀者留言給我，大致內容是她來自偏遠的農村，透過自己的努力，現在收入不菲，在上海有了一間小公寓，也捨得在自己身上投資，買衣服、鞋、包絕不手軟。

她覺得自己的整體形象不錯，但無意中卻聽到兩個女下屬，在背後說她壞話。她們說她無論怎麼打扮，都有一股鄉下地方來的「小家子氣」。她抱怨說兩個女同事雖然是上海本地人，但是看她們的打扮倒才像是從鄉下來的，很土氣，憑什麼這麼說她？最後她傳了十幾張自己的照片給我，請我幫她看看，她到底哪裡小家子氣了？

這位讀者的留言真的很長，我簡單陳述了一下，還是寫了一大段。隔著手機螢幕，我能深刻感受到她對「去不掉的小家子氣」這句話的極度在意。這讓她翻來覆去輾轉難眠，在淩晨二點多終於鼓起勇氣，諮詢了我這個她追蹤很久，但從沒說過話的形象設計師。

我點開她傳來的所有照片，發現她的妝容真的很精緻：紋著半永久的眉毛、接了厚重的睫毛、抹著各種流行色號的口紅。不僅如此，她穿的衣服和背的包都走在時尚潮流尖端，價格不菲。

但我從她身上，確實也感受到了撲面而來的「小家子氣」。她眉頭緊鎖，嘴唇微微抿起，肩膀縮著，雙手緊握，抓著自己的包包不放……每一張照片都傳遞著畏縮、自卑，但假裝自信的矛盾感。

而她的兩個女同事之所以會這樣議論上司，很大程度上是因為嫉妒。她們身上實在沒有可圈可點的地方，只能把出生地當作優越感。

有很多這樣的女孩，她們憑著自己的努力在大城市立足了，想洗掉一身「土氣」。可是當她們滿心以為，自己已經躋身為城市的一員時，卻被土生土長的城市人評價有「永遠去不掉的小家子氣」。那感受，一點不亞於被說智商低和長得醜。

2

每個人難免在意別人的觀感評價，想成為他人眼裡的強者。

我的家庭條件還算不錯，但剛到義大利時，我發現我身邊有很多超級「富二代」，他們開著幾百萬的名車，生活奢侈。當時我很自卑，也曾多買了幾個名牌包想幫自己「爭氣」。

後來我才發現我這種行為是欲蓋彌彰，越想掩飾，反倒讓「小家子氣」越顯明顯。於是我漸漸放下心裡的包袱，打開自己的眼界，累積自己的知識，慢慢就有了自信。

所以說小家子氣到底是什麼？是計較、介意、羞恥感、閉塞、自卑、畏縮。當我們以自己的出身或貧窮的過往為恥，一心想藉由奢侈品給自己提氣時，其實只是一種虛張聲勢。這種提起來的「氣」其實就像氣球，一戳就會破。

3

我的好友倩倩，出生在一個極度貧窮，又重男輕女的家庭，她一心想考上大學，尋找更廣闊的天地。

懷著這個理想，倩倩考進了北京外國語大學。開學後的第一個週末，宿舍裡的一個北京女孩說要帶她們去逛逛商場，幾個外地女孩都興奮地說「好啊好啊」，滿懷憧憬。

北京女孩帶她們去了燕莎購物中心，倩倩說她一直記得自己翻開一件裙子的價錢時，慌亂地縮回手的那一幕。一個來自偏遠地方的貧窮女學生，差點兒被一條裙子的標價嚇哭，她覺得自己瞬間有一種被吞噬的無力感。

那天，她們幾個外地來的女孩什麼都沒買，那個北京女孩也什麼都沒買，大家回宿舍後都默不作聲，早早就寢。

從那天起，她就決定一定要好好努力，在這座城市紮下根，擁有買東西不用擔心價錢的能力。為了打工賺學費，她開始準備線上英語教程的資格，並歸納各家的教學方法，把自己的心得撰文後發布到社群媒體上，同時附上自己可以勝任外語家教的資訊。

儘管她的鐘點費是其他外語家教的兩倍之多，但依然接到了很多邀約。當自己忙不過來時，她就把家教的機會轉介給其他同學，從中抽成，藉此賺取傭金。同時，在當英語家教的過程中，她也認識了很多外國網友。

她自學了金融、法律、旅遊方面的知識，先從買一些廉價的化妝品開始學習化妝，也買跟雜誌款很像的衣服，並模仿明星的穿搭。

畢業後，倩倩以優異的成績和良好的氣質形象，敲響了一家世界五百強企業的大門。那時候我的月薪只有人民幣二千元，她就已經拿到人民幣五千多了。當我換了三份工作才拿到人民幣五千元的月薪時，她已經成了年薪人民幣三十萬的職場白領精英了。

後來，倩倩被外派到英國工作，薪水又漲了更多。回國後不久，她辭職開始創業，雖然公司不到一年就倒閉了，她卻不氣餒，決定重整旗鼓，捲土重來。

現在她逛百貨公司也不會故作大氣地不看價錢，她只注重款式。我到她家拜訪，感覺一切都是講究細節的，地毯柔軟舒適，隨處可見有特色和美感的小物，洗手間裡的洗手乳、沐浴乳等都被倒進了有質感的瓶子裡面。

雖然她經歷了貧窮，但從她身上和家裡，我完全看不到「小家子氣」——沒有什麼都捨不得買的侷促感，也沒有奢侈的消費觀。她在別人看得到、看不到的地方都有不菲的配置，這一切都是為了讓自己活得更舒服、更精緻，而不是為了炫耀。

每次見到倩倩，我都覺得她渾身散發著淡定從容的光芒，越來越美了。我想她身上的這種光芒是與過去的自己和解，並不斷提升自己的眼界帶來的。

4

我清楚地記得一個美到發光、淡定從容的姑娘，曾經以美妙輕快的語氣，向我講述了家鄉的雞豬牛羊、青山綠水，那裡樸實的民風，還有一條忠誠的大黃狗，並熱情地邀請我去玩。她對家鄉滿滿的愛感染了我，讓我覺得她像一個來自世外桃源的仙子，淳樸，恬靜，閃閃發光，令人心生嚮往！

我的好友大斌是一個時尚帥氣的室內設計師，他的家鄉給了他淳樸善良的性情，他經常用樸實的文字寫家鄉的麥田、搭牛棚的外公……無論經歷多少險惡，他的眼睛依舊清澈，全身散發著果敢、熱忱的少年氣質，這種坦蕩不是城市給的，而是自己賦予的。

首席名模劉雯來自一個普通的小城市，但走在國際超模旁邊，她也不膽怯，因為她自信地欣賞自己，不在乎別人的眼光。**無論你是從哪裡來，從容淡定的模樣，就是對自己的態度。當你接納了自己的不完美，世界才會認可你。**

小家子氣，絕不僅僅是缺錢。愛自己，也不是大把地往自己身上砸錢，讓自己「看起來」很富有，而是關懷自己內心深處的希冀與渴求，接納自己出生以來所帶有的印記，摒棄沒有必要的羞恥感，變成一個從靈魂深處散發能量的人。

08 人生的岔路，我偏要任性地走一次

1

有位女孩私訊我，內容是這樣的：

我和老公談戀愛時，我父母就覺得我老公不是適合結婚的對象，不同意我們結婚，但是當時我急於脫離強勢的父母，成立自己的家庭，因此不顧父母的反對，執意要嫁。

但婚後不到一年，我就發現我老公身上的各種毛病，懶、不上進、整天上網、到處借錢，甚至刷爆我的信用卡只是為了「打賞」女性直播主，對家庭一點責任感都沒有。但是我不敢離婚，不是不敢離開我老

公，而是怕我爸媽說我——「妳早知如此，何必當初」。從小到大，他們對我說最多的話就是——「早知如此，何必當初」。

國中時，我沉迷於小說，不好好學習，國中二年級時突然悔悟了，很想好好努力，但當時我的學業已經遠遠跟不上，於是我鼓起勇氣跟我爸媽說，我想再重讀一年，好好準備考個好學校，但我爸媽不同意，回我：「早知如此，何必當初？還要重讀多丟人啊。」當時我學習壓力很大，連頭髮也是大把大把地掉。

我剛剛把您的文章〈人生沒有太晚的開始〉轉寄給我媽看，想聽看看她的意見，她說：「這文章通篇胡言亂語，這些人『早知如此，何必當初』，自己亂來就算了，為什麼還亂灌輸社會大眾這種不負責任的觀念？」

我內心真的很絕望，我很怕跟我媽說我要離婚，因此遲遲不敢進行離婚的程序。但事實上，我已經無法再跟我老公相處了，是連一天都過不下去……難道人生真的是一步錯，步步錯嗎？人生真的不允許我們後知後覺，不允許我們後悔和補救嗎？我們就是要早知如此，才能過好這一生嗎？

2

從這位女孩的訊息中，我能感受到她強烈的不安，對未來的迷茫，和對當下的不知所措。在這裡，我不想說我是怎麼勸導這位女孩，去面對自己和原生家庭的。我只是想聊聊她那句疑問——人生真的不允許我們後知後覺，不允許我們後悔和補救嗎？我們就只能早知如此，才能過好這一生嗎？

我們總是聽當紅的歌手說他從小就有個音樂夢想，聽富豪告訴我們他從小就會跟同儕做點買賣小生意，聽兩性專家告訴你，他中學時就知道男女的思維各有不同。我們特別崇尚「早知道」，「早知道」是種眼光，是種洞察，甚至是種天賦。

早知道自己想要什麼，就會少浪費很多時間；早知道商業發展規律，我們就能成為商賈巨富。那「沒趁早」的我們能怎麼樣呢？

3

有一個女孩，從小學業成績非常優異，已經申請上清華、北大，卻為了要跟曖昧對象上同一所大學而忍痛放棄資格，後來對方卻跟別人在一起。之後女孩選擇出國留學，有了很好的工作機會，但又因為難以忍受遠距離戀愛，便偷偷背著父母回國，在男友的學校旁開了間門可羅雀的咖啡廳，如此為愛而生，還終還是「被分手」收尾。

為了愛情，她可以不要自我，不想未來，毫無事業心。她的眼裡甚至不知道「自己」是什麼概念，誰勸都勸不聽，她就是無法「早知道」獨立自主的道理。

而這個故事中的女孩就是我，一個近三十歲才看見「自我」的人，一個到現在才把自己活得有些許成就的人。現在的我有了自己願意投入全部心血的事業，能影響和幫助很多女性，我為自己的存在而感到自豪。

我的確沒有早知道自己未來的路，但是「不晚」也很好啊！我相信就是有很多女孩像我一樣「早不了」。

就是要莽撞又倔強，頭破血流才能明白一些淺顯的道理；就是不知道想要什麼，要與世界不斷碰撞才能找到未的路；就是沒什麼興趣、愛好、天賦、特長，要不斷嘗試，見識很多人和事，才可以閃現一點靈光。

允許自己「早不了」，是對自己的一種接納，不要因為害怕那句

「你早知如此，何必當初」而麻痺自己，不敢醒悟。

我們要允許自己莽莽撞撞地跑錯賽道，要允許自己的幡然醒悟。但是反應過來時，要毅然決然地跑回來，不徘徊，不猶豫，不怕被別人甩得很遠，因為那就是我們要走的路，因為未來的路還很長！

4

我們不要怕晚，而是要怕不敢、怕不允許——不敢承認自己走了岔路，不敢面對既定的事實；不允許自己的笨拙，不允許自己的緩慢，不允許自己和別人的差異。

親愛的女孩們，餘生很長，不必慌張。有時候，人生的某些岔路，我們是非走不可的，只有這樣，才能更好地看見未來的路。沒有「趁

早」找到未來的路，我們就趁還不晚的時候努力。

世界運轉的速度總是很快，我們總是喊著來不及，所以每天都消極而沉重。如果這時候有人願意幡然醒悟，有人願意爬出懸崖，有人願意縫好受傷的地方，有人願意蓄勢待發，重新開始，我希望妳能說一句：「太好了，一點都不晚呀」，而不是「妳早知如此，何必當初？」

因為妳的寬容和善意，才能讓這個世界更美好！

Part

4

餘生就不用你指教了

不懂欣賞你的人，配不上你的餘生，要相信對的人總有一天會來到你身邊，看穿你的保護色、看透你內心的期待，跟錯的人多相處一秒都是種浪費。

01 不懂欣賞你的人，配不上你的餘生

1

郝佳是一位律師，身高將近一百八十公分，生來就特別高挑還很喜歡穿高跟鞋，歐美品牌的衣服隨便穿上一件都具有名模氣質。加上有著「律政佳人」的英氣，無論走到哪裡，她都能帶來強大的氣場。

郝佳的外表不受普通男士的喜歡，更何況她的智商很高，不僅上通天文，下曉地理，還懂心理學，邏輯非常縝密。如果有人跟她吹牛，她會立刻找到漏洞，毫不留情地反擊回去。所以業界盛傳眼光高、脾氣差，沒有人願意主動幫她介紹對象。

很多人都勸郝佳別再穿高跟鞋了，或是換一個溫柔一點的口紅色

號，這樣會顯得親和一些，再不然，至少聽別人說話時，要懂得適時地裝作不懂。

聽到這種言論，郝佳總是忍不住翻白眼，她會嗤之以鼻地回嘴：「我找對象還得靠演技啊，他們自己不自信，關我什麼事，還要怪我的高跟鞋和大紅唇？」

後來，郝佳嫁給了老馮，一名電腦工程師。身高一百七十八公分的老馮站在穿著高跟鞋的郝佳旁邊，明顯矮了一截，但他一點也不覺得自卑，還能自娛娛人，幽默地對郝佳說：「老婆，挽著妳，好像顯得我特別有錢！」

郝佳和老馮算是網友，是在某個歷史論壇認識的。郝佳說：「當時從老馮發的文章中，我就能看出他有著極高修養和不落俗套的價值觀，還特別有包容心，太適合偏激的我了。再一聊，我發現他也在蘇州，還單身，所以，我當時就認定他是我要找的人了。」

說不上誰追誰，他們兩人很快就在一起了，現在連第二胎都生了。

老馮喊郝佳「傻大個」，郝佳喊他「馮東坡」。

郝佳說：「馮東坡沒事就把唐詩宋詞、現代詩、打油詩混搭著瞎掰湊合一遍，寫得不怎麼樣，但是我看著就是很喜歡。」

老馮說：「每次看到氣質超群的郝佳，在法院裡唇槍舌劍、氣勢磅礴的樣子，我心裡就會想這就是我老婆，真驕傲！」

2

恩琪在一家跨國公司做資深公關經理，她明眸皓齒、巧笑倩兮，還特別愛打扮自己。在我與她見過的幾次裡，我還沒見過她穿過同一套衣服。

嫵媚、性感、高情商、工作狂、女漢子、毒舌、敗家，這些都是她的標籤，她會根據不同場合隨時切換自己的模樣。

恩琪的異性朋友很多，平時她也有很多應酬，這一切都讓她看起來好像不是一個好女孩。很多人說她適合做紅顏知己，就是不適合做老婆，因為一般男人根本無法駕馭她。

後來，恩琪嫁給了大麥，一個小她兩歲、收入比她低很多的體育編輯。據說，當時大麥家人不同意他們兩個在一起，覺得恩琪看起來不像正經過日子的人。大麥據理力爭：「恩琪是一個好女孩，娶了她，我的後半輩子肯定會特別美好，換了誰都不行。」

當她婆婆目後笑著把這則訊息轉給恩琪看時，恩琪感動得淚流滿面慶幸自己真的嫁對了人。

大麥的網路暱稱叫「恩琪家的廚子」，因為恩琪說吃了半輩子餐廳，膩了。大麥的電腦桌面上有個文件夾叫「恩琪的飼養指南」，打開一看，全是食譜。

大麥喜歡觀看各種體育賽事，自然地也會拉著恩琪陪他一起收看，久而久之恩琪現在也變成足球、籃球等各種球類運動的球迷了。她經常會很驕傲地說：「大麥真厲害，那麼多運動員的名字和特色，他居然都記得。」

現在，恩琪的應酬越來越少了，大家也發現她「工作狂」的特質也慢慢不復存在，如今她最熱衷的事，就是窩在家和大麥一起研究食譜、看看各大體育賽事跟大麥過著美好的小日子。我們問：「妳當初是怎麼看上大麥的？」

「他說我可愛，像個小女孩。」恩琪如是說。

3

郝佳、恩琪是很多女性的縮影，她們知道人生一定不能將就，所以就更加勤奮、努力、拚命，讓自己在獨行的日子裡，也能對抗這個世界的「善變」。

像老馮和大麥這樣的男人很少，他們的物質條件雖然並不突出，但是內心豐盈。他們既能欣賞這些女子與這個世界的相處方式，也能看到她們的本質就是需要被寵愛的小女孩。

和那些以物質支撐自信的男人不同的是，他們有著強大的能量，這些能量足以讓他們欣賞優秀的女人，並願意為她們的成就鼓掌。他們不自卑、不嫉妒、不介意別人的看法，經營著自己充實的生活。

女孩們，不懂欣賞妳的人，配不上妳的餘生，妳們要相信總有和妳同頻率的人會出現，看穿妳的保護色對妳說：「嗨，小女孩！」

02 我的安全感，不用你給

1

跟哲先生戀愛後，很長一段時間內，我都過得恍恍惚惚的，不敢相信這是真的，總覺得年輕、帥氣，身為業界翹楚的他，怎麼會喜歡我這麼一個其貌不揚的小設計師。

哲先生笑著說我有種令人心安的美好，只是我自己不知道。

我胃不好，愛賴床，他每天都會早起幫我熬小米粥，然後把我從被窩裡拖出來推到洗手間，把擠好牙膏的牙刷遞到我手上。我會幫他燙平衣服、煲湯、按摩僵硬的後背，在他工作加班到深夜的時候，替他榨一杯芹菜胡蘿蔔汁。

這種有份穩定的工作，有個深愛的人在身邊的生活，讓我覺得人生如此美好。

2

後來哲先生自己成立了工作室，他的拍檔 Ann 是業內小有名氣的建築師，貌美如花且才華洋溢。我初次見 Ann 時，她穿著一條酒紅色緊身背心裙，裸色細高跟鞋，腰背筆直，身材曼妙。哲先生站在我們中間介紹彼此時，我竟覺得他們看起來無比匹配，連 Ann 看他的眼神，也像極了默契極佳的情侶。

哲先生對 Ann 讚賞的態度令我陷入了極度的不安中，曾經踏實的安全感開始一點一滴塌陷。我開始翻看他的手機、郵件、照片。他一出差我就不停地打電話，打不通就發脾氣。他指責我無理取鬧，我則是哭鬧不休索取安全感。

3

在第 N 次翻看哲先生的手機時，他忍無可忍，把手機摔得粉碎。我歇斯底里地大哭，摔了眼前所有的物品，當時我的腦海中全是「你為何讓我如此痛苦」這句話。

在轉頭的瞬間，我看見了鏡中的自己，頭髮淩亂、滿面妝垢，眼神裡充滿怨恨、憤怒、自卑，面容扭曲醜陋……簡直觸目驚心！

我不敢承認那是我，不敢想像這個樣子的我此時就映照在哲先生的眼裡。之前的那種令人心安的美好，此時像極了諷刺，我怎麼變成了現在這個樣子？

第二天，我發訊息給他：「對不起，保重。」

他回：「妳也照顧好自己。」

4

這段感情中，所有的掙扎與痛苦，都源於我缺乏的安全感。我從內心深處認為哲先生配得上更好的人，而把自己變成一個更好的人太難了，就乾脆撒野、哭鬧、哀求，希望能被施捨一些安全感。

離開他之後，我開始早起、學習、健身、努力工作，我把曾經以愛為生的那份偏執，都放在一切能令我變得更好的事物上。我把曾經胡思亂想的大把時間，用來讀書、寫作、畫圖。

我會為自己做一頓好吃的早餐，為自己買一束香水百合，添購一些我自己喜歡的小物，在點著熏香的書桌上研究設計案型……努力所帶來的美好，開始慢慢地將「愛自己」融入我的生活中。

後來，我和哲先生在一個會議上遇到了，我們相視而笑。他說：「妳變了很多。」在他的眼神裡，我看到自己變得更好了。

一段突然失去安全感的感情，或讓人變得卑微，或讓人涅槃重生。但是，只有真正經歷以後，我們才會明白，安全感只有自己能給自己，不能依賴他人。

讓自己變得更好，才會在遇見優秀的伴侶時不心慌、接得住、端得穩，無論他身邊有多少優秀的對象，都不會自慚形穢。

因為彼此勢均力敵，才會消滅一切焦慮和恐慌——這才會是最適合的愛情！我希望在擁擠的人潮之中，那個衣著整潔舒適、腰背挺直、面帶笑容的人，是你。

03 你憑什麼覺得，我會一直在原地等你？

1

柳清歇斯底里地哭著說：「三石最後還是拒絕和我重新在一起了，他曾經是那麼愛我啊。」

我拍拍她的肩膀說：「妳自己都說了，那是曾經啊。」

柳清繼續抽泣著：「他說已經不愛我了，妳說可能嗎？」

我很想斬釘截鐵地說「可能」，但還是假裝猶豫了一會兒才說：「何必追究真相呢，接受結果吧。」

我問她：「妳怎麼以為他曾經全心地愛妳，就會永遠愛著呢？」

她吸了吸鼻子，眨著被淚水打濕的睫毛，望著我說：「那妳說，他為什麼會停止愛我呢？」

「因為地球自轉，潮漲潮汐，時間流逝……因為妳昨天看到的一塊石頭，今天也多了一層塵土……」

2

講起柳清和三石的故事，真是令人唏噓感嘆。

柳清和三石是大學同學，那時柳清正跟一個風雲人物的校草級少年談戀愛。看見校草男友，柳清每天都小鹿亂撞，幸福滿滿，滿腦子想像著兩人的美好未來。而三石，只是她身邊一個用來問作業、借筆記的學霸朋友。

後來柳清失戀了，在學生餐廳吃飯時，鼻涕和眼淚都流到了飯裡，三石走過來說：「別吃了，噁心死了」。

他把柳清的飯，倒進了旁邊的垃圾桶裡，接著說：「走吧，我請妳去吃好吃的。」

三石跟柳清表白的時候，給了柳清一個大包裹，裡面是柳清生日、聖誕節、情人節、七夕、新年時，他為柳清準備的禮物。

回到宿舍，柳清打開了包裹，室友們都圍了過來，發現裡面有音樂盒、水晶蘋果、手鏈、記帳本，還有一個厚厚的繪圖本。打開繪圖本，裡面畫著柳清各個角度的畫像。

柳清還沒反應過來，有個室友就先哭了：「柳清，有生之年遇見這樣一個愛妳的男生，妳別無所求了。」

柳清拿起手機傳了訊息給三石：「謝謝你為我做得這麼多，我真的很感動。」

三石回覆：「為什麼要謝我，我做這些事的時候很開心。」

柳清哭得唏哩嘩啦，心裡想的是，為什麼校草男友沒那麼愛她。

後來校草男友和柳清復合了，三石只向柳清說：「希望你們這次要好好的。」

柳清回覆：「會的，對不起！」

3

畢業後，三石進了一家知名的策展公司，柳清和校草男友一起出了國，臨行前，她收到三石的訊息：「再見，祝好！」

出國的第二年，柳清和校草男友又分手了。那時是中國的深夜，她在社群軟體上發布了一則動態：「一直害怕失去他，現在發現，我害怕的只是『失去』本身。」

不久後，三石便傳了訊息過來，柳清點開對話框，看見三石用他一賈溫柔的口吻問她怎麼了？

柳清哭了，柳清回覆三石：「你能來看看我嗎？」

三天後，三石出現在了佛羅倫斯的街頭，柳清淚眼模糊地說：「你為什麼對我這麼好，我有什麼值得你愛的？」

三石幫柳清擦了擦眼淚，說：「我也不知道，但是我就是愛了妳好久啊，從第一次見面一直到現在！」

柳清說：「我們在一起吧。」

三石深情地望著她，撥開她額前的瀏海說：「再等等吧，等妳都想清楚了，整理好了自己的心情也不遲。」

三石等了柳清半年，柳清卻愛上了一個韓國的新銳設計師，柳清跟我說：「他真的超有才華，充滿魅力和熱情……」

「三石呢？」我問。

「感情，就是不能勉強，怎麼辦呢？」

4

後來，柳清跟我說：「我要回國了。」

「韓國設計師呢？」我問。

「分手了。」

回國後，三石請他吃飯，她問三石：「三石，你談戀愛了嗎？」

「沒有空啊，工作特別忙。」

柳清準備創業，做一個自己的原創飾品品牌。三石幫她找各種資料，整合資源、引薦人脈，像一個持了大股份的合夥人一樣，但其實一切只是源於他對柳清的疼愛罷了。

柳清說：「三石，我們在一起吧。」

三石寵溺地望著她：「這句話應該是我來說的，柳清我愛妳，餘生我們都在一起吧。」

半年後，當初的校草男友回國了，找到柳清，柳清哭著打電話給我：「我還愛他，怎麼辦？」

「柳清，別犯賤。」我罵她。

柳清對三石說：「對不起，我知道像你這麼疼愛我的男人，我再也遇不到了。」

三石說：「保重吧！」

5

柳清的確再也沒有遇到過像三石這樣的男人。

有一天，柳清突然對我說：「我在三十歲生日前發現了一件事，我其實早就愛上三石了。」

「妳靠什麼愛上他的？你們一年沒見了吧。」

「靠回憶啊，我總是想起我們的過往，他為我做的那些事，他的表情、他的眼神、他的溫柔，一遍又一遍，我發現我愛他。」

「柳清啊，妳是不是太閒了啊！」

她發訊息給三石：「我們可以在一起嗎？」

三石卻回了一句：「對不起」。

柳清哭了許久後終於不哭了，只是安靜地癱在那裡，喃喃地說：

「我好難過啊，為什麼會變成這樣呢？」

「妳憑什麼覺得，我會一直在原地等妳？」

這句話，我想替三石對柳清說。

04 我不怕你離開，只怕一生的苦痛糾纏

1

萱萱回老家參加爺爺的葬禮，回來時臉色略顯憔悴，我安慰她說：「不要太難過了，老人家畢竟八十多歲了……」

她搖搖頭說：「你知道嗎？家裡的人終究還是把爺爺和奶奶合葬了，我問可不可以不要葬在一起，被罵得很慘。」說完，她的眼淚就嘩嘩地流下來了。

萱萱的奶奶特別溫柔和善，爺爺卻暴躁專橫。萱萱還記得奶奶抱著她看電視時，由於沒有聽見爺爺的叫喚，一個盤子就飛了過來，剛好砸到了萱萱的眉骨，她痛得哇哇大哭。奶奶卻顧不上哄她，趕緊去做爺爺

吩咐的事，滿臉慌亂。

萱萱九歲時，奶奶用半瓶農藥結束了自己的生命。她記得奶奶臉上沒有任何痛苦的表情，反而一臉平和安詳，像睡著了一樣。看到爸爸、姑姑們哭得死去活來，她才知道疼愛她的奶奶再也回不來了。

鄰居們一直說萱萱的奶奶是個好人，又兒孫滿堂，怎麼那麼想不開呢？萱萱也經常哭著想奶奶，她也不明白奶奶怎麼捨得就這樣扔下自己，選擇撒手人寰。

長大後的萱萱才逐漸明白，無論兒女多孝順，孫子多可愛，畢竟，那惶惶不安的每一天是奶奶一個人面對的。然而，沒人意識到奶奶的痛苦，似乎誰也不能把她拉出絕望的深淵。

萱萱抹了把眼淚說：「在那個年代，字都不認識的女人們哪懂什麼離婚，離了婚該怎麼生存呢？對於奶奶來說，逃離噩夢般婚姻的方法，就只有死別，沒想到二十年後，她還要和當初她要逃離的人在一起。生前沒得選，死後還沒得選，她的人生從來沒自己說了算過。」

2

我的外公在我最小的舅舅還沒滿月時，就帶著另一個女人離家出走了，外婆艱難地支撐著一大家子的生活，弄得自己傷病累累。

後來，外公有了音訊，他在一座邊境小城發展得很好，把我的阿姨、舅舅們都叫了過去跟他一起做生意。他們雖然對父親滿心怨恨，但是，顯然，望不到邊際的貧困更可怕。

這一切對外婆來說是殘忍的，她終日痛恨的負心漢又出現在她的眼前。她唯一能做的就是這樣咒罵著他們，一年又一年。後來，日子久了，她的恨意也淡了，她的生活就是帶帶孫子，逛逛公園。

後來，外公突然去世了，跟了他後半輩子的那個女人也被趕回了老家，外婆憤憤地說：「這就是他的報應……」

去年，外婆病重，她一生堅韌強勢，在病床上卻幾近懇求地說：「我死後不要把我和那個壞心眼的人埋在一起。」

最終，他們還是被合葬在了一起，兒女們說：「不合葬怎麼辦，他們沒有離婚，還是夫妻，難道讓他們在另一個世界孤苦伶仃嗎？」

我知道，無論是外婆，還是那個跟著外公的女人，都是那個時代結出的苦果。外婆在遭遇背叛後，在憤恨中度過了自己的一生；那個女人一生都無法光明磊落地活著。最終，誰和誰葬在一起，還得看最初的姻緣，誰都沒得選。

3

我們常聽到老一輩的故事，都是平淡樸實，又讓人感動的，他們相守一生，成了彼此的依賴，卻很少聽到像萱萱的爺爺奶奶，或類似我外公外婆這樣的故事。

但是沒有聽過，不代表不存在。在那個時代，約定俗成的婚姻，讓一些人受盡了苦難，死後也逃脫不了。

如今，時代變了，我們雖然不一定能和自己愛的人在一起，但是卻可以選擇不和誰在一起。

一段感情結束了，還可以尋找下一段。遇到了錯的人，說再見後依然可以瀟灑上路。遭遇了噩夢般的婚姻，可以勇敢地掙脫……

我們不怕任何人離開，因為短暫的痛，勝過漫漫折磨。我們有那麼多選擇，再也無須被命運推著向前走，攤開雙手說：「我沒辦法」。現在的時代，對每個人來說都是最好的時代，因為只要我們願意，我們可以策馬揚鞭去自己想去的地方，揚帆啟航去找尋屬於自己的歸宿。願你生活遼闊、內心豐盈。

05 失望都是「攢」出來的，不愛也是

1

有一天，我跟好友們約了下午茶。因為我們都是單身，所以聊天的主題從工作、穿搭、口紅，突然扯到最近被情侶放閃的經歷。

萱萱說：「我同事過生日，她的男友送她一輛 MINI Cooper S。送車就算了，因為我那個同事有少女心，她男友竟然還為車子烤漆 Hello Kitty 的圖案，車裡面也塞滿了公仔……」

珊珊說：「我姐夫在免稅店時發訊息向我求助，問我哪一種牌子的化妝品好，我姐喜歡哪幾款包包……經過我的指導，我姐夫一天就花了五萬多人民幣，通通都拿來買禮物送我姐姐，還囑咐我要保密，想給姐

姐驚喜……」聽到這些，我們被「閃」到表情扭曲。

這時蘇青說：「妳們一定沒有我慘，我現在回憶起『被閃』的經歷還心有餘悸……妳們做好心理準備，想不想聽阿？」

蘇青這麼賣關子，成功點燃了我們的「八卦」熱情，趕緊催促她：「快說快說，是不是誰耗資千萬送豪宅了啊。」

蘇青不屑地撇撇嘴說：「妳們這些見錢眼開的女人，不是每個男人都有這麼強的經濟能力，除了錢，難道就沒別的辦法表達愛意了嗎？」

「別賣關子了，快說快說！」

2

蘇青喝了口茶潤了潤嗓子，講起了她被「閃瞎」的經歷：

「上個月，我們公司為了趕一個案子，一直在加班，所有人週末都沒辦法休息。週六時，我們部門一個設計師，在我座位附近晃了幾圈，最後我忍不住問他，是不是有什麼事找我，他才走過來支支吾吾地說：『蘇青，我晚上可不可以不加班啊？工作我回到家裡也可以做。』我心裡對同事拒絕加班這件事是反感的，就對他說：『你要知道，大家都在公司的話，協調溝通會方便很多，忙過這幾天，大家就都可以休息了。』

那個同事沉默了一下，好像幫自己鼓足了勇氣後對我說：『我上周答應了女友，週末要跟她一起吃晚飯的，她知道我喜歡吃糖醋魚，還特地跟她媽媽學，在家裡練了好幾次，今天早早就去我家準備，忙了一下午，剛剛傳了兩則訊息給我，問我能不能回去吃晚飯，我實在不忍心讓她的期待落空……』

說完，他像等待審判一樣看著我，完全不知道此時的我是多麼感動。我微笑著對他說：『因為我是女性，所以你這個理由成功地說服了我，但是要是換了個男主管可就不一定了。你早點回去吧，但是別耽誤了進度。』看我同意了，他兩眼綻放光芒，開心得像加薪了五〇%，滿口言謝地跑去收拾東西準備回家了……」

3

聽蘇青講完，我們忽然都沉默了，在場的每個人都用無聲來掩蓋內心的五味雜陳。

蘇青說：「那個同事平時挺木訥的，也很願意吃苦，這是他第一次請假，沒想到是這個原因。公司很多男同事的感情都狀況百出，大多數人都會抱怨女人難哄，其實，他們只要跟這個同事學習一下就可以了啊！」

我們紛紛感嘆，女人有多難哄呢？其實只是男人不想哄而已。只要不讓她們的希望落空，感情怎麼可能會不圓滿呢？

萱萱說：「我那次出差去南非一個半月，當時那邊的辦事處被搶了，把我嚇得半死，終於熬到回國。男友答應來接機，飛機落地時，我想著就要見到他了，滿心歡喜。結果打開手機卻收到他的簡訊，說公司有急事來不了了……我當時就哭了，不是我不懂事，而是失落的心情讓我好難過！」

我接過話來：「我懂啊，很多人不理解我為什麼跟××分手，覺得他又帥又多金，是我太做作……其實他們不理解，當妳精心打扮、滿心喜悅地想跟他共進晚餐，他卻因為公司有事就放妳鴿子，妳的內心會有多失落……當你們約好了一起去海島度假，妳興致勃勃地買了泳衣、沙灘裙、帽子、防曬乳，還去學了攝影，他卻忽然告訴妳公司的新專案要開始了，時間排不開，妳又該有多惱怒……很多次的爽約之後，妳就會產生巨大的失落感，這種失落感會像黑洞一樣吞噬妳的熱情。生活裡有什麼大風大浪能結束一段感情？無非都是一點一滴慢慢累積的失望……」

珊珊嘆了口氣說：「男人總說女人貪婪，要物質享受也要精神層面的充足，可女人總覺得自己想要的根本不多，只要求另一半別讓我們一次又一次的失望而已。」

4

蘇青說：「其實很多人不希望專案出狀況，週末要加班，這都是不可預期的。所有同事們都在加班，那個來向我請假的同事，其實也不好意思自己趕回家吃糖醋魚。然而令他鼓起勇氣來跟我請假的原因，一定是他有更多的同理心，他想到了女朋友為了做糖醋魚所付出的努力，不想讓女友失望。」

「如果他沒回去吃飯，女朋友也許會很懂事，不吵鬧，也不冷戰，等他回去時幫他熱一下，但是那一刻女生的失望與傷心是怎麼也不可避免的。他不願意往女友心裡戳個洞，呼呼地往裡面灌著刺骨的寒風，就怕後來傷口癒合了，那裡也永遠有一道疤。」

「他女朋友不會知道，他能按照約定回去吃飯的艱難過程。這包含了他對女朋友滿滿的愛和感同身受。」

很多人不會懂，女人在準備與男朋友見面的前夕，內心是多麼沒出息的歡天喜地和熱血沸騰。就算是昨天才見過面約過會、就算你只是和她一起簡單吃個粗茶淡飯，女人都會覺得能見到另一半就是一整天最期盼的事了。

其實，沒有多少女人是無理取鬧的，她們不會不理解你的身不由己。但是，當她的期待總是和你的其他事務產生衝突，而你總是毫不猶豫地選擇後者，她的熱情自然會慢慢被澆滅。她最終懷疑的，並不是你愛不愛她，而是她以後還能不能對你懷抱期待。

失望通常都是「攢」出來的，當失落感越攢越多，就是不愛了，能量被耗光了，就該離開了。**愛情是兩個人「處心積慮」地去滿足對方的任何期待，大的、小的，一時的，一生的……你懂我期待的重量，我對你亦如是。**

06 別等到失去我，再說來不及

1

萱萱和男朋友分手了，原因乍聽之下很不可思議，就是有天男朋友的電話忽然打不通。

那天，萱萱男友開車回老家。萱萱估計男友快到家了，就打電話想跟他聯絡，打去後發現他的手機關機了。心想可能電話沒電了吧，過了一會兒後又打，還是關機。

於是她就坐在原地，每隔一段時間就再打一次電話，一直打到天快亮了，情緒接近崩潰……她腦海中浮現各種場景：他是不是出車禍了；是不是手機甩出去摔壞了，開不了機；是不是被搶劫了，手機、錢包、車都沒了；還是掉河裡了……

她內心的小劇場不停變換戲碼，把自己嚇哭了好幾次。

於是，她大半夜給男朋友的朋友們打電話，問有沒有人知道男友父母的電話。我當時也接到了帶著哭腔的她的電話：「J，怎麼辦啊，我男朋友可能出事了，開車回家到現在都沒有消息。」

我安慰她別著急，也許手機沒電了，睡著了，或者電話沒在身邊沒聽到。她哭著說：「不會的，他到家，一定會告訴我的。」

男友醒來後給萱萱回了電話，說自己到家已經是半夜了，手機沒電了就放在客廳充電，自己就跑去睡覺了。被萱萱大罵後，他不以為然地說：「我就是睡著了啊，難不成我還會消失嗎？」

萱萱就這樣毅然決然地跟他 say goodbye，毫不惋惜。

她說：「他根本不會為妳著想，不會去想妳可能會擔心，會睡不著，會驚天動地地找他，他就安心地做著他自己，他的生活裡沒有真正接受另一個人存在。」

2

我非常能理解萱萱的感受，我記得大學時，跟朋友們去一座深山裡遊玩，手機沒有訊號。那半天，我認為自己正無比舒適放鬆地享受著森林浴，但對男友來說，卻是崩潰的半天。

手機恢復訊號後，我被男友狠狠地罵了一頓，搞得我哭笑不得。在這半天裡，他已經幻想過我是不是被熊一巴掌拍死了，或者被野豬追趕成了重傷，不治身亡了，甚至是遇到野人把我煮來吃了，或者是掉進了獵人挖的洞裡等等，這些構想足夠寫出一部恐怖小說了。

我也有「真是大驚小怪啊，我還能怎樣啊」的反應，現在想想，那時的我還是太年輕，只會自私地接受著被愛，而不能體會到愛你的人對你的擔心。

有一次，我在上海沒有趕上火車，只能深夜跟其他人一起共乘回蘇州。我在好友群組裡輕描淡寫地說自己走錯站，沒趕上高鐵，所以改和其他人一起共乘回家。被好友們罵得很慘，並派了一個人不斷地跟我講電話，一路確保我的安全。我安全到家後，他們才放心去睡。

打電話給我的人說：「妳知道嗎，我的內心緊繃到只要手機訊號卡了一點，就覺得要出意外了。」他順便講了幾個深夜一起共乘的慘痛故事，並鄭重警告我以後再也別這麼大膽了。

當時我的內心充滿了幸福。他們都是陰謀論者，哪怕妳長得夠安全，他們也為妳的安全擔心，只因為他們愛妳。

3

「二〇一四年馬航空難失蹤的乘客，家人還在執著地等著他們回家；高鐵事故中遇難的一個女孩的媽媽，當時已經做好了飯正等她回家……」看到了無數的這類新聞，現在我開始有跟家人朋友報平安的習慣——不管是國內開車還是出入境的飛機降落，到了目的地，我都會主動跟他們說一聲。

我們總是覺得那些找不到你時，把世界翻了個底朝天，大腦中構建出各種大陰謀的人是大驚小怪，總是淡然地回應他們一句「我還能怎麼樣啊」。

可是，誰能保證每一次離別都可以重逢呢？

阿姨和姨丈在創業初期，姨丈要開著大貨車去外地送貨，一天一夜後才能回來。

每次姨丈出門後，阿姨都忍不住哭一場。外婆就會罵她不吉利，阿姨說：「我忍不住啊，我就是擔心，怕他出事。」

每個人都有根植於潛意識對失去的恐懼，越愛就越怕找不到你，越愛就越怕失去，這無關心理素質。

我敢說，就算是一個能在商務談判裡沉著冷靜的人，難免也會因為聯繫不到愛人而慌張。

普通的朋友聯繫不上你，會想等明天再聯繫；而愛你的人，可能會被自己想像出來的場景嚇到崩潰。

所以，別讓愛你的人找不到你，記得報平安，別等失去的時候，再說來不及！

07 女人靠哄，靠寵，也靠懂

1

有一次，我和表弟一起吃飯，他像失去核心般軟綿綿的靠在椅子上，幽怨地說：「我們男人單純耿直，妳們女人的心思跟薛丁格的貓似的，不知道是死是活。」

看著被女朋友在社群媒體上封鎖後愁容滿面的表弟，我忍不住笑出了聲。他報復性地端走了我面前的甜點，對我說：「我說老女人，妳還有沒有人性啊，妳們女性同胞失去了我這樣德智體群美全面發展的青年才俊，妳不替她惋惜嗎？還笑得出來？」

我斜了他一眼，鄙視地說：「女人有多難懂？女人把什麼都寫在臉上了，你是看不見嗎？你抽菸，你女朋友咳嗽，她什麼表情，你看不懂嗎？」

表弟撇撇嘴說：「她直接說你別抽了，我還會繼續抽嗎？為什麼不能直說呢？」

2

我在逛街時，曾經偶遇了一對情侶，女孩子試穿了一件大衣，穿上時自動挺直了腰背，在鏡子前左右轉圈，男朋友對她說：「妳穿起來很好看，買吧」。女孩翻了一下標價，磨磨蹭蹭地脫下了大衣，邊掛在衣架上邊說：「算了吧，有點隆重，能穿的場合不多。」

女孩掛回大衣時，眼神卻一直停留在上面，用手輕輕地撫摸著大衣，嘴角抽動了一下，有點欲言又止的樣子。

男友說：「那走吧，再看看別的。」

女孩點點頭，撫摸大衣的手從手掌滑到指尖，輕咬一下嘴唇，決絕地說：「走吧」那場景像極了正在狠下心惜別愛人。

我當時非常想叫住她男友，跟他說：「你女朋友超愛這件大衣你看不出來嗎？看她的臉就知道了！你應該堅決地買下來，她會開心地覺得自己有世界上最好的男朋友，不是因為你願意買給她，是你看出她很想要又捨不得，你懂她。」

看不出女孩子想要什麼沒關係，畢竟物品都是錦上添花的事，但是看不出來她生氣了就不一樣了。

有次朋友聚會，閨蜜的男友接到朋友電話，約他去打牌，閨蜜的男友對她說：「要不然妳們先玩，結束後告訴我，我來接妳。」閨蜜聽到這話時，臉色頓時一變，立刻沉了下來，眼神冰冷，嘴角下垂，有氣無力說：「你去吧！」

令我們幾個女孩震驚的是，她男友說：「好，妳這邊結束後打電話給我。」然後就走了……

毫無懸念，閨蜜後來把這件事上升到「你不愛我」的層面上，鬧了一次分手。

3

我的好友翁偉是個出了名的高情商人士，每次，他和女友敏敏出現在我們面前時的恩愛模樣，都會讓我們覺得敏敏好幸福，幸福到甚至讓人有點嫉妒。

有一次，大家想約玩「狼人殺」，遊戲還沒開始，敏敏就接到了老媽的電話，全程用方言吵了起來，我們也聽不懂為什麼吵架。後來，她的聲音越來越大，皺著眉，小臉通紅，緊抿嘴角。翁偉馬上去抱她，輕撫她的背。

敏敏剛掛電話，翁偉就說：「看把我們寶寶氣的，不知道吃點好吃的能不能氣消？」我們就看著他一會抱、一下親、摸摸頭，很快，敏敏的臉色就「多雲轉晴」了。

過了一會兒，翁偉輕輕揉著敏敏的頭髮，說：「妳看妳現在有我哄，媽媽肯定還在生氣，不如妳也打個電話哄哄她吧。媽媽也是女人啊，也有我們敏敏這種脆弱的小情緒，沒人安慰的話會鬱悶的。」

敏敏噘著嘴說：「我不好意思道歉。」

「以後我們結婚了，妳惹到媽媽了，我去幫妳道歉好不好，但是這次妳要自己來啊，我畢竟還沒過門呢。」他又哄了幾句，敏敏才給他媽媽發了個訊息道歉。而作為目睹了全程看熱鬧的「吃瓜群眾」，不管是不是單身狗，我們都很嫉妒敏敏有這樣會哄人的男朋友。

4

趁敏敏不在，大志給翁偉點了支菸，問：「偉哥，你哄女人真有一套，傳授點經驗吧！我總是莫名其妙地惹女朋友生氣，她都大發雷霆了，我還是不知道到底是為什麼。」

翁偉擺出慈父狀說：「首先呢，不惹女人生氣是不可能的，畢竟連你們住宅附近有樹葉掉下來了，都可能影響女人的情緒，我的宗旨就是把她的生氣指數降到最低，別讓她有機會上升到「愛不愛」的層面，連帶把芝麻綠豆般的小事都一起翻出來，就很安全了。」

「那怎麼樣才能把她的生氣指數降到最低呢？」大志問。

這時的翁偉一臉驕傲地說：「我總結了一個哄女人的黃金三十秒定律，大前提就是你要會看臉色，在她變臉的時候馬上去哄，一定別傻呼呼地去問她是不是生氣了，等她真的說出『沒有啊，我沒有生氣』的時候，就晚了。」

聽到翁偉這套理論的時候，我差點忍不住為他鼓掌，說：「你怎麼這麼瞭解女人呢？的確是這樣，每次男朋友問我是不是生氣的時候，我就更生氣了，肚子裡簡直是一把火燒上來，心想你是笨蛋嗎，這都看不出來。」

翁偉深吸了一口菸，說：「我媽比較任性，還有點『公主病』，我七歲起就開始和我爸一起哄我媽了，熟能生巧。」他吐了個菸圈又補了一句：「因為我們愛她，只想看她開開心心的。」

5

我把上述故事告訴了表弟，表弟聽了之後嘆了口氣說：「妳們女人什麼時候能直爽點兒，想什麼就說什麼，不用我們猜。」

我給了他一個大大的白眼。我一直認為女人是很簡單的，喜怒哀樂都掛在臉上，不像男人那樣會克制自己的情緒。和女人相處，不用問「妳喜歡嗎？」因為臉上自然有答案；更不用問「妳生氣了嗎？」因為臉上也會有答案。

沒有幾個女人擅長隱藏自己的情緒，如果她喜怒不形於色，那你們一定不是情侶。所以，男人們，抱怨女人喜怒無常是徒勞的，不要只看她漂亮的五官，要看看她眉眼間掛著的情緒，因為女人這種敏感的生物，不僅靠哄、靠寵、也靠懂！

08 愛你的人，都會把廢話當情話

1

有天上班時，同事小七一步三扭、腰肢亂顫、蹦蹦跳跳地走進辦公室，只見她滿面春風、容光煥發。

「看樣子妳是中樂透了？」我們問她。

小七白了我們一眼，還是面若桃花：「妳們這群膚淺的女人，就知道錢，我可是注重精神層面的人。」

「那您的精神層面究竟是受到了多麼巨大的滋養潤澤啊，讓您美成這樣，臉上都發著光。」

小七雙目含春，嬌羞地說：「人家收到了男朋友寫的情書，哎呀，愛情真是太美好了。」然後，一臉陶醉狀。

「情書」這個年代久遠的詞，讓我們反應了一會兒後，才開始起鬨，逼小七交出情書給我們看。結果我們就遭受了「一萬噸傾盆而下的狗糧」的攻擊，頓時覺得沒有情書的戀愛都是假戀愛。

情書裡字字句句甜言蜜語，尤其是那句——「我這個棄劍逃避生活的騎士，願意為了我心愛的公主重跨戰馬」，簡直重擊我們的心臟，讓我們的視網膜發生了奇怪的變化，導致我們看平凡的小七時，就像看一位光芒四射的公主。

同事羨慕地說：「小七，妳男朋友的文采真好！」

其實這哪需要什麼文采，就算行文邏輯不通，但能在這浮躁的時代裡，一字一句地寫出這樣的情話，本身就很動人。

2

我想，我不能一個人「吃狗糧」啊，就把小七的情書內容轉分享到閨蜜的群組裡，群組裡瞬間就沸騰起來：「感動，看得心都化了。」、「沒想到現在還有人寫情書。」、「這比直白地說出『我愛你』三個字更動人啊。」……

我疑惑地問：「妳們這群平日裡沒個正經的女人，怎麼突然都正經起來了？」

她們回答說：「可能我們心裡那個不諳世事的小女孩，被喚醒了吧。」、「可能羨慕嫉妒恨時反而更需要顯得平靜吧。」、「可能是尊重這種傳統又浪漫的愛情儀式感吧。」……

的確，寫情書一直是一件很浪漫的事。我至今記得我收到的第一封情書的內容，結尾引用了張衛健的歌詞：「其實妳愛我像誰，扮演什麼角色我都會……」當時我反反覆覆讀了好多遍，幻想出了很多美好的場景來。

女人本來就是感性的，當時我的腦海裡甚至自動演繹出一幕，他鋪開信紙逐字逐句地寫著情書的樣子，那時他嘴角微微揚起，飽含愛意，我更加愛他了。

很多女人在陷入回憶的時候，大多想不起曾經收了什麼禮物，但總能想起一些情話。有一次，我跟好友一起吃飯，她不停滑著手機，我說：「不要玩手機了，快吃飯。」她放下手機，看了我一眼，幽幽地說：「我跟我前任在談遠距離戀愛時，他跟朋友吃飯還在跟我聊天，我就說，不要玩手機了，好好吃飯吧，他說他不是想玩手機，他只想一邊吃飯一邊和我說話，好像我在他身邊一樣。」

這些情話，足夠讓她銘記一輩子。

3

小七的男友在情書裡寫道——

每一次，妳裝模作樣地給我吃一口妳的甜筒，又怕我一口咬得太多，滿臉擔憂糾結，隨時準備把甜筒拿回去的樣子，讓我好想抱住妳，告訴妳沒有人比妳更可愛，我是如此確定……

寫這封情書的時候，我可以想像妳在看到時，會捧著手機傻笑，趴在床上托著腮、晃著腳丫看一遍，倚在床頭垂著長長的睫毛再看一遍，吃著零食、看著電視，忍不住掏出手機又看一遍。

我想讓妳一直都處於這種幸福感之中，而不是只有物質上的驚喜，這就是我努力要去做的事……

在這個時代裡，有多少人會把一句「我愛你」，用這樣細膩的方式表達出來，讓你感受到愛的同時，又注入滿滿的安全感。

所以，我特別能理解小七那掩蓋不住的幸福感。她說：「以後我生氣了，就翻出這封情書，提醒自己不要質疑他對我的愛。」

她說這話的純真模樣，像一個從未受過傷害的初戀少女般，像從沒經歷過令人沮喪的感情一樣。這才是戀愛中的女人該有的樣子。

4

「從前的日色變得慢，車馬郵件都慢，一生只夠愛一個人……」而如今的一切都很快，一夜暴富、一夕成名、一夜纏綿。在現代時間的尺度下，每個人都行色匆匆，快馬加鞭。

情人節，大多數人表達愛意的方式都千篇一律，或者直接去商場買流行的口紅、包包、首飾，或者買一束玫瑰，裡面有印刷好的、千篇一律的卡片，或者直接轉帳五百二十元……這就算完成了表達愛意的任務，皆大歡喜。但願意手寫一張卡片的，卻難能可貴。

現在，人們的感情是否容易破碎，取決於你對伴侶的用心程度。

5

有同事問小七：「愛馬仕和情書只能選一個，妳怎麼選？」

小七說：「只要我想要，他能買得起的，他就會買給我。他想讓我開心，就會寫封情書給我，所以我不必選。他不需要觀察我是否只在意物質，我也不需要測試他是否捨得，因為我們是相愛的。」

看著小七篤定的神情，他的男友如果知道一封情書會讓女友放下焦慮，有滿滿的安全感，那麼他一定會感激自己寫下的字字句句。

有人說「我們早已過了甜言蜜語的年紀」，也有人說「妳們這些女人活該被花言巧語矇騙」但其實愛聽情話的我們，怎麼會分不清花言巧語和溫暖厚實的情話的區別呢？

其實很多情話都是廢話，可是當你把最無趣的廢話，變成情話的時候，就會帶給你愛的人幸福。

所以，去對你愛的人說些情話吧！去為他（她）寫封情書吧！去給暗戀的人一個有儀式感的表白吧！用傳統又浪漫的方式表達愛意，會讓匆忙聒噪的生活，在某個時刻慢下來，會帶給你愛了很久的人一點感動和驚喜，讓對方感受到原來你的愛如此細微溫暖！

Part 5

不要缺乏想像力，忘記想成為的自己

要嘛努力、要嘛放棄，不要老是想改變卻又堅持不了，只有努力去成就自己想要的樣子，才可能成為自己喜歡的模樣，不為誰而改變，只為自己。

01 我改變，只是想成為自己喜歡的模樣

1

身為形象設計師的我，經常會收到這樣的私訊留言：「我很胖，怎麼穿才能顯瘦？」、「我太胖了，總覺得穿什麼都不好看，該怎麼辦呢？」看到這些，我雖然有點心疼這些女孩，但還是會跟她們說：「建議先量身打造健身計劃，這才是根本！」

然後我就會收到諸如沒時間、體質問題、懶得動等類似回覆。

也有人說：「如果幫身材豐腴的人打造形象後能驚豔大眾，那才是有實力的形象設計師，因為身材好的人，不管穿什麼都好看啊。」

一直以來我都很懊惱自己似乎只能對客戶做些錦上添花的事，僅能

幫助身材本來就不錯、容易挑衣服穿的客群，找到最適合自己的形象。而對這些較豐滿的女性，我大多會先鼓勵她們，先制訂一個持續可行的健身計劃。

調整體態的方法有很多種，失敗的原因只有一種：沒堅持下去。

我認為只想輕輕鬆鬆瘦身，不願付出任何努力就想改變體態，基本上是不可能的。

為什麼無法繼續堅持？這是因為意志力不夠，對抗不了自己空虛的胃和邁不開步伐開始運動。

為什麼意志力不夠？那是因為決心不足，你沒有下定決心要為自己的身形與健康負責。

為什麼決心不夠？因為你缺乏想像力，你想像不出成功改變自己的體態後，可以為自己帶來更多的健康與自信。

2

為了讓大家更加明白想像力對體態的重要性，我決定自曝「黑歷史」，為大家現身說法。

我的身高是一六五公分，而過去體重曾高達七十三公斤！但我憑著自己極強的想像力和內心戲，成功甩掉了二十公斤。而且十年來，我的體重都沒有復重，肌肉緊實勻稱，可以輕鬆駕馭各種穿搭。

我意識到自己顯胖，是在考大學前。當時，我站上體重計後，赫然發現我的體重竟已直逼七十三公斤，這個數字立刻嚇壞了我。中國有句俗話說：「好女不過百」，而我居然已經逼近一百公斤了！

我問了我媽二十公斤的肉是個什麼概念？我媽指著砧板上準備料理的一大塊豬肉，用刀比畫了一下，說這塊豬肉大概有二公斤，十塊同樣重量的肉堆在一起，就是二十公斤了。

我沮喪地捏了捏自己肚子、大腿、胳膊、後背和臉上的肉，感覺真的有十塊豬肉那麼多，我第一次有了想減掉它們的衝動，我為自己定了個目標：大考完，就去運動！

結果大學開學了，我的體重依然沒有任何變化。

報到時，在擁擠的人群中，我一眼就看到了負責接待新生的學長，他長得又高又帥，笑起來眼睛像星星一樣。他就這樣佔據我的心房，把我之前幻想的青春男主角，具體化成了現實中的人。

開學後，我開始想方設法地打聽他的相關消息，知道他沒有女朋友後，我很開心，宿舍裡的姐妹們說：「妳看他身邊的那些女孩，每個都是美女，再看看妳……」她們邊說邊捏我肚子上的肥肉。

我被她們刺激得直喊著一定要減肥，然後勉強節食幾天，跑幾天步，但是一吃就吃一大堆，一躺就躺整天。宿舍的姐妹們說：「就妳這意志力，這輩子減肥是無望了，男神妳就不要幻想了吧。」

3

但我還是混進了男神學長所在的社團，那是我第一次與他面對面地站在一起，他那稜角分明的臉、好看的笑容就近在咫尺。

他說：「我記得妳，報到時，妳是一個人來的。」

聽到這句話，我頓時心跳加速，心想自己在他眼裡也許很特別啊，學長居然記得我呢。我開始期待每次的社團活動，幻想他時時刻刻注意我，慢慢愛上我，接著兩情相悅。但無情的事實是，一次活動時，他忘記了我的名字，喊了我一聲——「那個小胖妞」。

那是我第一次體會到，原來悲傷時會覺得冷，這時我才驀然清醒，他不會喜歡一個肥胖的、平凡無奇的女生。

我總是幻想自己是個笑靨如花、身材曼妙的女子，和他花前月下，你儂我儂。而我晚上做的夢卻是這樣的：他牽著我的手，像拖著一個行走的煤氣罐；他擁抱我時，我肚子上的肥肉被擠到兩邊的腰上，背影看過去像一塊方方正正的肥肉，在為他擋風遮雨；我們坐在一起時，我的屁股占了大半個椅子，我靠向他的肩膀時，他需要極用力地支撐著；夏天，我每一層肥肉上，都流著汗水，隨著走路亂顫，散發出一股餿臭味；和我在一起，別人都會說他重口味，說帥哥配恐龍；很多女孩從我身邊經過，都瞪著我，覺得我是一個手段毒辣、對他下了蠱的又肥又醜的巫婆……

夢醒了，我哭了。在我所有美好的想像中，我都自動忽略掉了現實中的我，我從來沒有真的想要努力，去變成自己想像中的樣子。

即使不能跟男神在一起，站在他旁邊，至少也要身材曼妙、笑容溫婉吧，至少看上去會很協調，而不是現在這樣，像個玩笑。

4

我沒有計劃什麼時候開始減肥，也沒有想吃完一頓再說，就在我擦乾眼淚的那一瞬間，我就開始行動起來了。

我沒找任何資料或報名相關課程，但我知道，只要能管住嘴、邁開步伐肯定沒錯。於是我就開始了「晚飯堅決不吃，除了睡覺一刻不停地動」模式，連上課也要在膝蓋間夾一本書，收緊肚子。

三個月後，我變成了瓜子臉，眼睛也大了，四肢漸漸變得勻稱，腰背也能挺直了。我穿上夾克和馬丁靴，紮上了高高的馬尾，一派颯爽的模樣。室友們都嘖嘖地稱讚著我：「厲害了，以後一定沒有妳做不到的事情。」

成功瘦身後，我開始認真學習化妝，研究穿搭，慢慢地從一票黑框眼鏡、白T恤、牛仔褲的人群中脫穎而出。

從此，我的人生彷彿開啟了另一條康莊大道，不僅成功收割了男神，留下了青春最美好的回憶，也在國外留學時做了精品採購；然後又莽莽撞撞地混進了媒體圈，到現在自己創業……

從那以後，我就一直都把瘦身的過程當作借鏡，不斷地去縮短現在的自己和理想中自己的距離，**努力去成為自己想要的模樣。並且不是為了誰而去改變，而是為了只有成為自己想要的樣子去付諸行動，我才能無所不能。**

5

你理想中的自己是什麼樣子的呢？與心儀的另一半兩情繾綣？身穿套裝，神采飛揚地成就事業？午後不匆不忙地在咖啡廳裡享受一個人的悠閒時光？

那現實是什麼呢？當伴侶輕摟你的腰，卻觸碰到你的「游泳圈」？當你上班為了顯瘦穿了一身黑，卻還是像秤砣一樣龐然明顯？當你想在外頭享受一杯咖啡，卻發現自己不起眼到像是襯托眾人的綠葉，在人群中沒有一點存在感？

如果這些你一點都不在意，那就請你停止抱怨，學習與現在的自己共處吧。但如果這不是你想要的，就請用力去改變這一切吧！

要嘛做個身材曼妙、神清氣爽的女神，要嘛做個快樂自信、逍遙自在的小胖妞。不要做一個想瘦卻又堅持不了，口中老是羨慕與抱怨的胖子！

02 挺直腰桿，才有氣力應對生活的瑣碎

1

有一次，我跟好友莫蘭約了下午茶。

我們見面後，就感慨時間的飛逝。聊起我們上次見面，還是在我創業之初，她當時還說我放棄了高薪又光鮮亮麗的工作去創業，簡直是自討苦吃。誰知道，現在的她竟也成了創業大軍的一員，開辦了一家舞蹈教室。

我們互相瞭解了一下彼此的近況，她就開始跟我大吐苦水，說創業簡直是身心雙重折磨，請我這個早一點跳進「苦海」的前輩，多給她一點建議。

她彎著腰，駝著背，眉頭微皺，整個人縮在椅子上，不用說話，我就知道她過得不盡人意。

我幫她倒了紅茶，說：「妳看看妳，一個學舞蹈出身的人，怎麼傴在那裡，還跟我說妳想開一家最棒的舞蹈教室，這樣怎麼行呢？如果我穿得邋裡邋遢，然後跟妳說，我是一位形象設計師，妳還會信賴我嗎？」

莫蘭立刻挺直了腰背說：「唉！我最近又累又煩，背就不自覺地塌下來了，塌下背來，我就覺得好像輕鬆了一些、就覺得好像不用逼自己振作精神，去面對大大小小令人煩心的瑣事。」

「但這種輕鬆感，會控制妳，熄滅妳的精神、侵襲妳的志氣。」我嚴肅地跟她說。

2

當我十三、十四歲下意識有些駝背時，外婆就會在我後背重重地拍一下，痛得我立刻挺直腰背。外婆總是向我叨念：「腰背不直，不只難看沒自信，還一副沒膽的樣子，讓人看了以為好欺負。」

這就是她一生即使遭遇非常人的疾苦勞碌，卻依然堅持腰桿挺拔的原因。她挺直腰背，只是想告訴生活，無論生活給她多少苦難，她從未懼怕過，也從未妥協過。

我還記得那年舅舅做生意失敗，外婆為了幫舅舅渡過難關，忍痛賣掉守護自己大半輩子的老屋。我陪媽媽去接外婆來一起住的路上，媽媽因為想到外婆一個人辛苦拉拔他們六個孩子長大，原本已經該到頤養天年的時候，想不到卻如此坎坷，就忍不住掉了眼淚。

快到外婆家時，媽媽趕緊擦乾了眼淚，調整好狀態，說外婆最不喜歡看到別人哭哭啼啼的。

我們遠遠地就看到外婆站在門前，腰背筆直，不慌不亂，旁邊的兩個箱子就是她僅有的家當。東西雖少，我卻看到了她寶貴的財富——那股歷經坎坷，卻依然不滅的毅力與堅定！

3

我的前主管做事雷厲風行、乾淨俐落，但凡她經過，所有同事都會不自覺地挺身坐直，因為她只要看到誰歪歪扭扭地窩在位置上，都會忍不住糾正：「看你那姿勢，就寫滿了懶。」

每次熬夜加班趕案子時，同事們各個都累得癱軟在椅子上，但只要朝她的座位望過去，就會發現她永遠是腰背筆直地端坐在那裡，面容堅毅，精神抖擻。只要看著她，就不自覺地會提醒自己，也要像她一樣抬頭挺胸工作，才不會愧對自己的職務。

後來，這位主管雖然因為辦公室鬥爭被排擠，最後決定離職，但離開時她依然從容地收拾好自己的物品，跟幾個同事微笑著打招呼，叮嚀我們說不要送她，秉持她個人一貫作風，一個人踩著高跟鞋非常瀟灑地走了。

她挺拔削瘦的背影，沒有絲毫落寞的感覺，淡定從容中透著一絲驕傲的倔強，彷彿不是遠走，而是登高！

她留下這樣的背影，使在鬥爭中勝利了的人，都笑不出來，因為她的氣場讓人倍感敬佩。

毫不意外，離職後，她在另一家企業發展得風生水起。在一次企業交流會上，我一眼就看到她，她果然還是那副泰然自若的神色，挺胸，一副鬥志昂揚的樣子！

4

我在人群中很容易率先注意到那些腰背挺拔的人。

他們傳遞出的形象，是一種不願妥協的堅毅，自律且自信，這也成了我最欣賞的一種氣質。

每次我覺得生活苦累或意志消沉時，就會不自覺地塌下身體，放任身形歪斜疲軟，讓自己舒服一些。但此時我的腦海中總是忽然閃現滿頭白髮的外婆挺拔地站在門前、前主管筆直的背影在眾目睽睽下遠去的樣子，於是我就會馬上振作起來。

很多人說自己的駝背其實是無意識的，但就我的觀察發現，當人們穿上喜歡的衣服照鏡子時，大多會自然地挺直腰背，毫無刻意。

大家都知道，理想中的自己肯定是落落大方、充滿自信、氣場強大的！那是你本來就該有的樣子，是你沒有對生活妥協的證明。只有挺直了腰桿，你才有精神與氣力去應對生活的瑣碎！

所以當我看到莫蘭時，我給她的第一個建議就是：「無論多苦多累，腰背都要挺直，要有一副打不倒、壓不垮、不低頭的氣勢！**妳選擇的生活是陰鬱無聊的，還是自由有趣的，就要看妳從這個世界經過時，是佝僂著背神色匆匆，還是挺拔著背氣宇軒昂！**」

03 有自信的人，從來不在乎相貌平平

1

現在我描述一位女孩的長相，請大家在腦中想像一下她大概會是怎樣的一個人：

她的頭很大，小學時的外號是「大頭怪嬰」；脖子很短，拍出來的照片頭總是連著肩膀，看不到脖子在哪裡；她身體扁平，像個長方體，平胸、粗腰、扁屁股、粗大腿，上下身比例接近五五分。

她臉歪，眼睛一大一小，眼皮一單一雙，眉毛一高一低，太陽穴凹陷，顴骨高且外擴，上半臉看著像菱形，下半臉的腮骨寬大，下巴又圓

又平，鼻樑不低但是寬。

她皮膚敏感，有紅血絲，臉上的痘疤新舊交替，上嘴唇薄到一笑就看不見，露出粉嫩的牙齦；膚色整體暗黃，頭髮稀疏微微露出頭皮，做什麼髮型都容易塌下來。

我描述得已經很全面了，大家一定在想，這是個醜八怪吧？

其實上面描述的就是我本人，我所有描述的缺點，都是客觀存在的，但是這些缺點會讓我看起來很醜嗎？事實是大部分的人都覺得我是個美女。

很多女孩都嫌自己不夠好看，滿身缺點。一照鏡子，就充滿惡意地把自己當成陌生人，不停地攻擊自己，把自己身體的缺點無限放大。這種不滿，投射在自己的臉上，就讓自己越來越醜！

雖然大家的審美觀不盡相同，但我們必須承認的是：在這個世界上，極端的美女和極端的醜女都是極少數，大多數人或多或少都有些小缺點，胖胖瘦瘦、高高矮矮的普通人們組成了「中間戰場」。

在「中間戰場」裡能脫穎而出的人，都是那些對自己的外在條件有著客觀認知的人，他們對自己的形象有著較高要求，並積極努力改善缺點，自信又積極。

2

我求學的時候，在旁人的眼裡是一個只知道讀書的學霸，自認為愛美是不務正業，成績好才是王道。就像前面說的，我大學時身高一百六十三公分，體重卻高達七十三公斤，讓我痛下決心減肥的，還是從一場暗戀開始。

我在二個月內快速地瘦了十五公斤，瘦下來後發現肚子和腿上的肉實在很頑固，難以消滅，日積月累堆積的諸多脂肪，不管我做什麼都很難擺脫。

作為一名標準的理科生，我做任何事都喜歡尋找根源，瘦身也不例外。我查了很多醫學資料，把中醫、西醫關於頑固脂肪的資訊，都看了一遍，然後判斷我是哪種類型的，再幫自己制訂健身方案。

透過閱讀，我了解很多關於人體結構、肌肉和醫美等各類的知識，知道人最基本的架構是骨骼。骨骼的位置，影響了脂肪和肌肉的附著，如果不改善骨骼變形的問題，頑固脂肪就難以擊潰。

於是我根據這些知識，調整了瘦身方案，將矯正身形視作當務之急，列為最優先處理的事情。因為骨盆前傾，我的肚子很容易就凸顯出來；因為脛骨外翻，我大腿上的肌肉也會更加突兀，這些絕對不是單純減脂就能搞定的事。

在進行深度學習研究後，我又發現很多小缺點，其實都是可以透過調整肌肉改善的。比如，高低眉，是因為我說話時喜歡挑眉，一側肌肉緊張，拉扯著一側眉毛；脖子短，是因為我脖子前傾嚴重，脖子的肌肉群都很緊張，拉扯著脖子，再加上不正確的伏案姿態，斜方肌長期緊繃，拉扯著肩膀聳向耳朵，脖子就更短了；脖子的肌肉繃緊後，會影響我臉部的血液循環，因而導致皮膚暗沉、長痘。

藉由大量的形體矯正訓練，我的肌肉和骨骼回到了正常位置，脖子變得更修長了，腰背也變得更挺直，臀線也上移了不少。同時因為腿部筋骨拉長，我的腿在視覺上也修長起來。

3

為了變美，我開始試圖瞭解各種保養品的成分與作用，藉此找到適合自己的保養方法。經過不斷地閱讀與嘗試，我的皮膚也慢慢地從暗黃粗糙轉變成水潤光澤，膚質狀態一天比一天更好。

我經常翻閱各種不同類型的書籍、雜誌，大量地研究身形與服裝的搭配，不停地嘗試，最終得以找到最適合自己個性與氣質的穿搭。

經過這一連串的學習和實驗，我意外發現自己其實對搭配和色彩非常敏銳，默默練就了不用試穿，也能精準預估出自己與他人搭配後的形象。

甚至有時看到旁人的穿著打扮，總忍不住想衝去告訴對方，如果他可以換一雙鞋子，或是換一件高腰的下身，整體就會更適合他……這似乎也註定了我要吃「臭美」這行飯了。

後來，我去了時尚之都義大利，最大的感受是：美其實就是一種影響力，無論你是否有缺點，只要你自信滿滿，就能感染他人的情緒，只有你真心地接受自己的樣貌，並真誠地與自己相處，正視自己的優點，這樣的自己才是最美的，**因為有自信的人，從來不在乎自己相貌平平！**

04 真正的蛻變，是找到適合自己的方法

1

我曾經去北京參加一個比較隆重的宴會，一同被邀請的校友小茵吃飯時對我說：「為了能穿上這件禮服，我一天只吃三顆蘋果、一碗蔬菜沙拉，每天慢跑五公里，硬生生減下五公斤……」說罷，她捏了捏下自己腰上的肥肉，對我說：「我發現，這塊肉真難減，妳有什麼局部瘦腰的好方法嗎？」看著盛裝出席，卻面容憔悴、眼神黯淡的小茵，我搖了搖頭說：「『局部減肥』這個想法不知道是誰發明的，人怎麼可能只消耗特定部位的熱量呢？妳腰上的肉消不下去，很可能是妳治標不治本，減下來的根本不是脂肪！」

2

我有一個一直在減肥的朋友，她幾乎嘗試了所有流行的減肥方法——七日水果減肥法、輕斷食、針灸拔罐減肥、左旋肉鹼、塗抹瘦身霜、穴位埋線……這樣反覆折騰了好幾年，有時候，她一個禮拜就能瘦個三、四公斤，但是體重卻跟雲霄飛車似的不停起落反彈。所以她只好不停地嘗試新的減肥方法，但最終的結果往往是，她看起來似乎又更胖了，皮膚和精神狀態也都差了很多。

每一個減肥的人，往往都必備一個體重計，一味地依照減掉的體重來衡量自己的瘦身計畫是否成功。如果減重快，就很有成就感；倘若減得慢，就灰心喪氣。

作為一個成功甩掉過二十公斤肥肉，體重在基本上十年間再無重大變化的人，我經常會質疑一件事：為什麼那些一看就是偽科學的減肥方法，始終會有人不停地嘗試呢？他們為什麼把減重作為成功標誌，而毫無健身減脂的概念呢？

在減肥之初，我也用過節食的方法，每天把自己餓得天昏地暗，對世界充滿了惡意。直到腦子越來越混沌，甚至跟不上學業時，我才忽然想起生物課上學的三大營養物質——脂肪、糖、蛋白質的代謝關係，驚覺只靠節食減肥，是一件多麼不健康的事。

3

在這裡，我想要告訴每個想要減重的人，一個我們必須知道的名詞：瘦體重（fat-free weight）。

我本來以為每個想要減肥的人都會知道這個名詞，但令我驚訝的是，知道這個詞的人實際上卻寥寥無幾。瘦體重，指的是人體除去脂肪以外的體重，主要是骨骼和肌肉。像小茵那樣過度節食加上激烈運動快速減掉的，基本上減下來的都是瘦體重，真正減掉的脂肪其實少之又少，所以腰上捏起來還是一圈肥肉。

有很多人的體重雖然減輕了，但是人看起來卻還是略顯臃腫，甚至皮膚看起來鬆鬆垮垮，整個人也有氣無力。這是因為他們減重的方式並不正確，當肌肉被減掉後，它們對皮脂的支撐能力就會變得很弱，基礎代謝能力也會跟著變弱，因此體重也相對容易反彈。

而有些人的體重雖然變化得很小，但是外表看起來卻天差地別，又精實又健美。這是因為他們用對了方法，儘管體重沒有多大的變化。但是肌肉增加了，脂肪減少了，基礎代謝能力也增強了，看起來又有精神又有活力。

4

為什麼過度節食加上過度激烈的運動，會讓體重以不健康的方式迅速下降呢？

其實真正的脂肪是不會那麼快速被減掉的，需要搭配有氧與重訓才能鍛鍊出良好的體態，而那些一個禮拜就快速甩掉四、五公斤體重的，其實減掉的大部分都是蛋白質或是大量的水分，容易造成肌肉萎縮，皮膚失去彈性，骨質疏鬆等。

總結來說，什麼是成功的減肥——肌肉增加，脂肪減少；什麼是半成功的減肥——肌肉與脂肪都一起被減掉；什麼是失敗的減肥——肌肉量下降，脂肪卻只是稍微減少。

說了這麼多，讀者們可能感覺有點困擾，會疑惑究竟什麼減肥方法才是正確的？

人體是自然界已知最複雜的生物體，根本沒有一個適合所有人的減肥方法。當我們決定減肥後，一定要養成定時檢測的習慣，時常確認並進行調整。

不要問我到底該做什麼運動，任何運動都會消耗能量，只是快慢的問題，要根據你的身體狀況和時間來決定。本質上還是那句話：管住嘴（均衡飲食、不暴飲暴食）＋邁開腿（合理的、適合自己體質的運動）。

比起持續的運動，不少人更願意嘗試快速、不費力的減肥方法，這就是那些「一周瘦七公斤」、「懶人七日瘦身法」等標題橫行的原因。雖然我無法跟你保證持續運動可以帶來的減肥效果，提供的原則聽起來也沒那麼振奮人心，但是找到適合自己的方法，才能持之以恆，讓自己真正蛻變。

對於健康這件事，對每個人都是公平的，只要努力訓練，步步踏實，就能獲得健康與美好的體態！

05 我逆襲，絕不是和你分手的成果

1

我和朋友思源已經快三年沒見了，某天她打電話給我，說她近日要來上海出差，想順道到蘇州看我，讓我「包養」她一天一夜。

當晚，我激動得睡不著覺，我已經許久沒有這麼期盼可以見到某個人了。

我和思源的關係有點微妙，她是我好友高輝的前女友。我第一次見到思源時，她從遠處走來，順直又塌軟的黑髮，臉上隱隱泛著油光，戴著一副老實的黑框眼鏡，穿了件寬鬆的黑色連身毛衣，晃著兩條蘿蔔腿，非常豪邁地走過來了，看起來相當爽朗，「安全無害」。

翻譯成白話就是：是個沒有人會排斥的長相平庸但親和的女孩。

思源真是一個非常隨和、好相處的女生，每次出去聚會，吃什麼她都不挑，而且還很能吃。如果有人說自己胖了，她就會捏捏肚子上的三層肥肉給你看，寬慰你。她也特別愛笑，笑點奇低，每次笑起來總是一副從沒聽過這麼好笑的事般捧場。

她總誇我是她的女神，說我完全符合她心目中女神的樣子，也許是因為這樣，所以我總是特別喜歡她。

後來，高輝聚會時漸漸地不帶思源一起出席，身邊反而總跟著一個身材嬌小的女生，問高輝他也只輕描淡寫地說是普通女同事。直到某天半夜，我接到思源電話，她哽咽著問我說：「女神，高輝是不是劈腿了？」

我當時心裡飛快地盤算：思源現在也算是我的姐妹了，但高輝終究還是我的朋友，我到底該說些什麼比較好呢？

思源吸了一下鼻涕，我想像著這個樂天派的女孩在電話另一端淚眼汪汪的樣子，忽然很心疼地對她說：「高輝那種臭男人根本配不上妳，妳就放下他吧。」

2

思源和高輝分手後，我為了安慰她，就邀請她搬過來暫時和我一起住，她拎了兩個行李箱就來到了我家。

我跟思源同居了四個月，這段時間她胖了五公斤，換了兩份工作，經過朝夕相處，我才發現思源其實跟我原先想的並不完全一樣。她有很嚴重的拖延症，而且極度懶惰散漫。我邀她一起去跑步，她卻連走路都懶得走。看似樂觀的她，實際上其實非常消極。

我當時痛罵高輝不負責任時，高輝說了一句話，讓我直至今日仍記憶猶新，他說：「思源總是一副過完今天沒明天的樣子，我每次跟她相處，都覺得她身上散發著滿滿的負能量。」當時聽到這句話，我想都沒想就罵他，如今竟然有點感同身受。

思源的種種行為彷彿都在說明，她並不知道自己的未來在何處，她始終過著得過且過的日子。後來思源工作穩定後，就搬了出去。有天，她跟我說公司要外派她去南非，她決定接受這個機會。

我當時跟她說南非太亂了，我有個朋友在南非還遇到槍擊，到現在仍坐著輪椅。思源只說：「如果南非是個好地方，公司會派我去嗎？我在國內也是混，出去也是混，還不如去看看外面的世界！」

思源去南非後，我也開始著手進行創業，起先我們還會定期問候彼此的近況。

我聽她說公司被搶，電腦、手機都沒了，還有她正在學英語，但是年紀大了頭腦越來越不靈光，很多東西都記不住……

後來因為時差又或者是兩個人都太忙了，我們之間的聯繫也漸漸不如以前密切。

然而，隱隱約約地，我能感覺她正在經歷某種變化。

雖然這期間她曾經回國，但因為各種原因，我們都錯過了見面的機會。這次，終於可以聚在一起了，回憶也千頭萬緒地浮現出來。

3

在高鐵站，我找了半天，直到思源向我揮手，我才認出她來。

她留著淺亞麻色及腮短髮，戴了一副遮住了半張臉的太陽眼鏡，簡單的藍色條紋襯衫，外面套了件刺繡的夾克，下身穿著軍綠色的高腰短裙，腳下踩著一雙黑色過膝長靴，整體纖瘦修長。

她朝我咧嘴一笑，還是那麼爽朗的笑容，只是散發著比以前更強勁有力的自信。

吃飯時，思源筆挺地坐在我對面，充滿笑意又神采飛揚，我忍不住問了思源：「這三年發生了什麼事，妳是重新投胎了嗎？」

思源笑著回答我：「我說，就我原來那個樣子，妳怎麼會願意和我做朋友呢？」

我答回：「可能我有聖母情結吧。」說完，我們都哈哈大笑。

思源接著說：「下個月我就正式回國了，現在的老闆特別賞識我，在上海總部給了我一個不錯的職位，以後我們又可以在一起了，吃喝玩樂都算我的，好好報答『聖母』。」

我著急地問她：「快說說妳是怎麼開竅的，整個人給人的感覺都不一樣了，快跟我說，是不是因為跟高輝分手受到了打擊的關係？」

思源笑著說：「妳別太抬舉他了，我現在這樣，真的跟他一點關係都沒有。」

「我自認是個聰明伶俐的人，只是習慣慵懶度日、對人生沒規劃，不自律又習慣逃避，也不喜歡主動學習。」

「我曾把妳當榜樣，想變得和妳一樣努力、自信，可是那都僅限於想像，從來沒真的執行過。」

「我想這可能是我從小受到原生家庭影響的關係，我的父母對人生一直都沒有什麼夢想，得過且過，所以我一直不知道為了某個目標，拚命去追求的感覺是什麼。」

「南非的傳染病特別多，其實我心裡很害怕，所以我一直在查資料，想了解南非的傳染病種類和預防的方法。當時，我看到一篇寫病毒原理的文章這樣說：人一旦被病毒感染了，病毒就會想盡辦法在人的身上繁衍下去；某些病毒，甚至能透過特殊管道傳播，一旦感染，病毒就控制你的激素，進而達到再傳染其他人的目的。就是這篇文章改變了我。」

我越聽越困惑的看著她，不知道病毒和她的改變有什麼關係。

4

思源神祕地說：「妳知道我看到這篇文章之後，有什麼反應嗎？我覺得我就是被某種壞病毒控制了，它就存在於我的大腦裡，每當我想要做一點對自己有利的事情時，它就會抑制我。所以那些垃圾食品，不是我想吃，而是它想辦法拐我去吃的……」

「我翻來覆去地思考了很久，最後下定決心要跟這種病毒對抗到底。這個病毒越是想讓我吃高熱量的食物，我就堅持不吃；這個病毒越想控制我，讓我不要再念英文，那我就非得多背幾個單字。雖然一開始我總是輸，反抗了一下子就被控制住了。」

「但後來我告訴我自己，這場仗不能這樣打下去，這種壞病毒越是想控制我，不希望我去背單字，那麼我至少一天也要背兩個；它越是控制我，叫我不要去運動，那我一天至少也要爬幾階樓梯，讓它知道我不是那麼好欺負的。」

「後來呢？」

「後來，我終於戰勝它一次了！再後來呢，我就經常贏！」

「那妳的蛻變過程呢？」

「就是習慣了這種模式，就總是贏了啊。還有什麼感覺可以比獲勝的滋味更好嗎？我只要想到自己是一個被病毒覬覦的宿主，就火力越來越強。我戰勝了它阻止我運動，阻止我學英語，阻止我上進的一切詭計，到現在這一刻，我也沒有鬆懈對它的反抗。」

「所以妳就只靠著被害妄想症，幻想出一個假想敵來重新投了一次胎嗎？」

「這才不是被害妄想症！妳不相信有種壞病毒在控制妳，讓妳做一些對自己沒什麼好處的事嗎？一個正常人怎麼會做一些不利於自己的事呢？人的本能可是趨吉避凶的呀！」

5

聽到思源這麼回答，我認真地思考後說：「的確，哪有人想讓自己變胖、變醜，哪有人會想愛上人渣，哪有人會想讓自己活得沒有價值，不是被某種病毒控制了，還能是什麼？它慢慢侵蝕我們的意志防線，把我們的軀體變成了傀儡，達到它不可告人的目的。」

思源的想法，雖然在科學上說不通，但如果把自己的懶惰當成病毒，因而改變自己，那又何嘗不是一件好事。

思源繼續跟我分享她這兩年來的遭遇，她在和困難戰鬥過程中的勝利。她得意揚揚的臉上閃著光芒，一副永遠都打不敗的樣子。

我想起她過去總是一副扶不起的「病毒宿主」模樣，真是恍如隔世。我們也許都聽過很多人改變逆襲的成長故事，這些人是如何頓悟要改變，只是故事的開始，能變好不是一件容易的事情。我們不知道這些人到底經歷了什麼，也許曾經遍體鱗傷、跌跌撞撞，甚至是血跡斑斑，但這些辛苦，全都都被成功的光環所掩蓋。

思源告訴我，現在的自己才是她真正喜歡的自己，自始至終，她都沒有為了別人而改變，只是想成為最好的自己。

如果你沒有變成自己想要的模樣，只是被某種病毒控制了軀體，這種病毒或許是懶惰，或許是無能，它會不斷地對你釋放控制信息——暫且就這樣過下去吧。

唯一的解藥就是不斷地跟它鬥爭，在心底告訴自己：

我偏不，我想贏！

06 真正動人的容貌，不是完美無暇的外表

1

我有個「鑽石王老五」朋友，在三十七歲生日當天訂婚了。

他創立的公司主要是與演藝事業相關，從一線明星到網紅新人，他合作過的人不勝枚數，說他是螢光幕前美女背後的男人，其實一點也不為過。

我們曾認為他會孤獨終老，因為他身邊的美女太多了，很容易就對所謂的美女見怪不怪。而他卻說，他對女人的長相沒什麼要求，只要差不多就行了。

以前他公開交往過的對象大多都是模特兒，而最終結婚的對象卻是

個圖書編輯，這讓我們幾個好友都大感意外。他的未婚妻目測只有一百六十公分左右，長相算不上驚豔，卻很耐看，眼睛很有靈氣，令人如沐春風。

在訂婚宴上，他說：「當我對生活無比焦慮，覺得我所擁有的一切都黯淡無光時，只要她一笑，我的整個世界就都亮了起來！」

伴隨著他的告白，投影螢幕上出現了一張照片：女主手拿兩根樹枝舉過頭頂，表情搞怪。配上字幕：哪隻粗心的麋鹿丟了角，剛好被我撿到了！

接著他就開始述說這張照片背後的故事：「我和她是在一個活動上認識的，互相加了社群的好友卻從來沒有互動過。我經常在深夜時變得很頹廢，無聊時就漫無目的地滑著手機，看看那些所謂「美女」們不自然的修圖自拍照。看著這些自拍照，總讓人覺得她們發文無非只是想獲得稱讚。所以還算熟的人，我就去留言稱讚一句；不熟的，我就直接略過了。直到我滑到了她的這張照片，突然有種想落淚的感覺——兩根枯落的樹枝，被她撿起來，變成一個開心的小故事，有一個神采飛揚的女孩隔著手機對我笑。我忽然就覺得我不必孤獨、不必失落、不必頹廢了，生活還有那麼多美好，我的世界就那麼被點亮了。我看過無數盛世美顏，最動人的還是這神采飛揚的一張臉……」

我們一群人看向故事中的女主角，此刻她笑容明媚，眼睛裡不停地閃著幸福的光芒！

未婚妻被主持人問是怎麼被「王老五」搭訕的。

她羞澀地說：「他超幼稚，問我照片裡麋鹿的角是在哪裡撿的，他也想要一副……」

主持人又問她：「他身邊美女那麼多，會不會沒有安全感啊？」

她大笑著說：「他說我最美啊，我就決定信以為真了！」

看著「王老五」深情篤定的眼神，我們都相信他說的千真萬確！

現代人因為工作壓力，往往會變得焦慮、迷茫，內心長滿了孤獨的荒草。我們渴望有人走進自己的生活，又不敢輕易交付自己的心，往往只能將自己大部分的愛給了寵物。

看著兩個人幸福的模樣，在場的很多人，都感動得落下了眼淚。

2

參加完訂婚宴回來的路上，我們一群朋友回想起，之前對王老五感情的預言，我們說文青的他最終可能因為好看的皮囊千篇一律，而選擇一個有趣的靈魂。

預言最終被驗證了。作為一個大忙人，他沒空去留意只注重外表的女孩，所以就簡化了判斷的標準，他認為有趣的靈魂投射在臉上，就應該是最有魅力的模樣。

從飛機起飛之前到飛機落地後，我一直在觀察路過我身邊的人。有些人沮喪焦慮，有些人不耐煩，有些人眼神空洞，有些人百無聊賴，有些人聽著歌、玩著自拍自我沉迷……

而回憶起那些令人感到舒服的女生，她們對生活充滿興致的模樣，深深地刻在了我的腦海裡。看到她們，就像在冰雪初化、寒意未消、枯黃灰暗的草地裡，看到了有一抹綠得讓你流淚的嫩芽。

她們勇敢的、倔強的、滿懷希望的、熱愛的、敬畏的那股力量，時時刻刻在感染我，讓我覺得生命的美好，值得期待。

3

如果你問我什麼樣的臉孔最吸引人，我想應該就是舒展的面容、光潔的皮膚、閃著亮光的眼睛。

一個有光采的人，無論他涉世未深還是歷經滄桑，眼睛裡始終都清澈且堅毅，嘴角永遠滿含笑意。他們沒有緊皺打結的眉頭，填充僵硬的臉和下垂的嘴角。

如果有趣的靈魂投射到身體上，他們定然擁有挺拔的體態，有時刻讓人感受到向上的力量。他們沒有塌腰駝背的喪氣，和被生活打壓的萎靡。更重要的是，他們由內向外散發的，是對生命的熱愛，和面對一切艱難險阻的勇氣，不懼怕、不討好、不自大。

所以親愛的女孩們，別再一味追求完整無瑕的容顏了，要學會從內心出發，去熱愛世界、熱愛生活，找一些有趣的事，來對抗世間的無趣與平庸。剪掉枯黃分叉的頭髮，丟掉起毛球、褪色、變形的衣服，斬斷囚禁妳、支配妳的關係，離開死氣沉沉、沒有朝氣的環境。

舒展妳的眉頭，挺直妳的腰背，大步向前走。

妳的傷、妳的懷疑、妳的迷惘，會透過靈魂深處湧出的活力獲得最好的解答！

Part 6

我就喜歡你看不慣，又幹不掉我的樣子

別再抱怨別人沒有界線感，如果你只想當個好人，把自己的領地擴充成無邊界的樂土，就別怪流浪漢在這裡安居樂業、軟土深掘。

01 得一個真朋友有幸，交一個假閨蜜遭殃

1

閨蜜惠子要結婚，找我做伴娘。

我戲謔地說：「找我這麼好看的伴娘，太搶妳的風頭了吧！」

她撇撇嘴說：「那天妳必須搶我風頭，知道嗎？我老公公司裡的副總裁，就是之前我跟妳說過的那個『鑽石王老五』也會來參加婚禮，他不僅人長得帥，人品也超級好，妳最好可以趁這次機會成功引起他的注意。妳就把自己打扮到最美，讓他印象深刻！」

惠子結婚當天，我走進新娘化妝間，看著惠子化著精緻的妝容，平口剪裁的婚紗露出她優美的肩頸線條，散發著幸福的光芒，我感到特別

欣慰。

惠子在鏡子裡看到我站在身後，立刻眉頭微皺說：「妳怎麼妝化得那麼淡，都沒修容吧，頭髮梳得這麼貼頭皮，顯得臉好大啊……哎？妳是不是不把我說的話當回事……」說著，她就站起來，邊把我推到化妝台前，邊讓化妝師幫我整理頭髮，補個妝。

惠子是那種一談戀愛就玩消失，嚴重的「重色輕友」的人。她會在妳需要她陪伴的時候，毅然決然地扔下妳去和伴侶約會，簡直是有異性沒人性。

但她卻是我的真閨蜜，無庸置疑。在自己人生中最重要的時刻，她不怕我比她更好看，反而更樂意讓我成為焦點。

只要我能找到自己的幸福，她願意在我的光彩裡，笑著戴上戒指，真的讓人很感動。

2

我和惠子認識七年多了，我們年齡相仿，身高和身材都差不多，很多人說我們像極了雙胞胎，但其實我們很好辨認。

她不愛逛街，從來都不自己去買衣服，都是請我去買的時候順便幫她挑選購買。每次，我們要出去玩的時候，我都要先幫她打扮得花枝招展的，再開始打扮自己。她會把我肩上的衣服往下拉一點，說：「妳胸前沒肉，就露點兒肩膀啊，要不然一點吸引力都沒有了……」

我和惠子認識的時候，她有點駝背，我走路外八，我們就那麼互相拍拍打打、「惡語相向」地糾正了彼此的缺點。我們還一起變美，一起四處遊玩，一起經營副業賺錢。

我們的審美觀相近，興趣愛好也一樣，我們還曾經喜歡上了同一個人。當時，我們兩個就商量說看這個男生主動約誰，沒被約的，就主動退出。男生最終約了惠子吃飯，惠子把這個消息告訴我後，我就心不甘情不願地陪她逛了兩家百貨公司，幫她挑了一件突出她迷人曲線的連衣裙，和一雙襯得她腿又白又修長的高跟鞋。

3

有次，我剛跑完步，來不及換衣服，就被惠子拉去陪她一起辦事。晚飯的時候，我掃了一眼旁邊位置，臉色陰沉地對惠子說：「我前男友和他的現任女友在那邊呢！」

惠子悄悄地拉我去洗手間，把她的衣服、配飾、鞋通通換給了我，在包裡還拿出一瓶髮根蓬鬆噴霧，竊笑著說：「妳說巧不巧，這東西剛買就用上了，妳看妳頭髮塌的的，一噴這個，就有洗過頭的效果⋯⋯」然後就手殘地噴得我到處都是。

其實，是不是真閨蜜，只看這一點就夠了——她希望妳好看，甚至不在意妳比她好看，能消除女人內心的小嫉妒，才能進階到閨蜜的水平。就像惠子每次轉發我的文章，都很得意地說：「這是我閨蜜，又美又有才華！」

而有一些人卻打著閨蜜的名義，表面上親密無間，實際上卻怕妳搶她的風頭——拍照只找自己顯瘦的角度，修圖也只幫自己認真精修。妳打扮得比她好看了一些，她就對妳冷嘲熱諷。不能說她不是朋友，但一定不是好閨蜜。

我一直偏執地認為那些打扮時尚、美麗的姑娘，和打扮土氣、邋遢的姑娘組成的閨蜜組合，一定是假的。好的閨蜜不會只顧自己好看，她會希望妳也好看，甚至希望妳比她更好看。她會嫌棄妳的醜、妳的邋遢、妳的不修邊幅，她會不停地嘮叨妳、改變妳，直到妳變得更有精神了。人和人的長相，可能會存在很大差別。但只要是閨蜜，妳們在打扮和品味上的差別肯定不會很大。

4

很多人可能會跳出來說：「有些人就是很偏執啊，我怎麼管得了他，每個人的生活都是自己的選擇啊。」

的確，但當我們對普通朋友提出建議後，愛聽不聽，我們都會覺得那是他的事；但當我們對真心的好友提出建議時，卻往往變成管他愛聽不聽，都希望對方要往最好的方向走才行。

就像我的閨蜜小七，我剛認識她的時候，她完全不修邊幅，甚至可以說是邋遢至極，她還覺得不打扮、不整理才是自然的表現。

一開始我就像普通朋友一樣，會給她一些穿搭意見，她不採納，也是她的事。但是當我們晉級為閨蜜以後，我開始以各種方式嘮叨她——從找對象的標準開始切入，再說升職加薪的方法，再上升到整個人生的高度。我會逼她整理自己，逼她換髮型，用各種手段鼓勵她、引導她改變。我用了整整兩年時間，改變了她固執的觀念，把她變成了她自己心裡最美的樣子。

如果有人問我為什麼要處處去涉入別人的人生，我會說因為我當她是真朋友啊！我認為，真正把你當朋友的人，絕不會讓你得過且過；而會像家人，儘管有時候對你疾言厲色，卻總把自己認為最好和最正確的資訊提供給你。好像永遠不怕你過得比自己好，甚至衷心希望你成為比他們更棒的人。

那些自己美，卻不嫌棄你醜的人，都是假閨蜜，這種關係不會促使你變好；而那些喜歡罵你醜，卻拉著你變美的人，請好好珍惜，這是你終身的幸運！

02 當你兇的時候，換某些人孬了

1

今天小七來上班的時候臉色很差，頭上彷彿籠罩著一朵烏雲，同事們紛紛關心地問她怎麼了。

於是，小七就講起了她昨晚的經歷。小七有個認識了好多年的女性朋友寒雨，兩人平時不怎麼熱絡聯繫，但只要寒雨一冒出來，小七就知道必然是寒雨又遇到了感情問題。只要電話一接通，話還沒說幾句，寒雨必定開始哽咽，接著寒雨就會要求小七陪她喝酒、散步、排解心情。

就在昨天小七連續加班半個多月，終於把手頭的工作完成，難得可以早點下班回家，正想好好享受個人時光，準備幫自己燉個補湯，點上薰香舒服地泡個澡，然後再安穩地睡上一覺，誰知這時電話響了。一看是寒雨來的電話，小七心裡一顫，直覺肯定是寒雨的感情又出了問題。

看看時間已經十一點多，小七原先想假裝睡著了沒聽到，但是電話持續地響，隨後，連社群軟體的訊息提醒也開始響個沒完沒了。

小七想著寒雨的內心肯定非常痛苦，很想跟自己說話，心一軟就接起了電話。寒雨還是老樣子，沒說幾句話，就哭了起來，自顧自地說自己和男友吵架的經過，越說越委屈，最後哭得上氣不接下氣。

她最後哭著說：「小七，妳來陪我吧，那個人渣罵了我一頓，摔門就出去了，我自己一個人待著總是想起吵架的種種，太難受了。」

小七在自己的美夢和為友誼赴湯蹈火之間掙扎了一會兒，就乖乖地穿好衣服，開了十多公里的車程趕往寒雨家。兩個人見面後，寒雨一邊拉著小七哭訴，一邊打電話斷斷續續地跟男友繼續吵架。

由於最近太勞累，小七迷迷糊糊就睡著了。

半夜，小七在恍惚中被寒雨推醒了，寒雨一臉無辜地說：「我男友剛剛跟我道歉了……」大致意思就是要小七趕快回自己家去，她男友要回來了。

就這樣，在半夜兩點多，小七又開了十幾公里的車回家；一直到淩晨三點多，她才爬上自己的床。

小七講完這一夜的狗血經歷，同事們都紛紛吐槽小七的朋友。

作為一個溫和的人，我肯定是要安慰小七的，但也不得不提醒她：「別抱怨了，妳就是活該！寒雨應該不會只有妳一個朋友吧，為什麼她就偏偏喜歡折騰妳呢？就是因為妳沒有底線！」

2

小七是大家公認的好人，她親和、善良、樂於助人。如果「好人」

這個標籤能使她感到愉快，那倒也無傷大雅，但這個標籤卻總讓她叫苦連連。

在和別人合租房子時，小七經常抱怨自己的奇葩室友；但我卻認為，造成室友「奇葩」，小七自己才是最大的主因，因為小七有著過分的討好型人格。

像是室友總是毫不顧忌地吃光小七的零食與晚餐，可是小七不但不向室友反應，還反過來天天都幫室友洗碗、倒垃圾。

剛開始，室友只是要求小七順便幫她洗碗，小七同意了；接著只是偶爾小七煮飯時，小七好心地主動幫室友盛一碗飯……到現在小七自己都不知道為什麼，就不知不覺已然成為室友的「保姆」。

在感情裡也是一樣，小七生日，男友沒送禮物，小七也不計較，所以以後的每個節日，男友都不送她禮物了。跟男友吵架，小七會自己安慰自己，不需要男友哄，久了以後男友也就再也沒哄過她了。

在工作上，因為她跟老闆是朋友，不計較得失，所以「不知不覺」

小七又順理成章地成為全公司裡年終獎拿得最少的那個人……

這種不跟別人劃清底線的行為，不只是在縱容他人，還會催化他們人性裡的惡；也會把自己變成軟柿子，誰想捏一下都行。

3

我的朋友郝佳，是個隨時都在標註自己界線的人。跟郝佳相處久的朋友都知道，她從來不過問別人的私事，但是當你真的需要她時，她卻二話不說、兩肋插刀。郝佳總說：「和別人清晰地劃下界線所省下的精力，足夠讓任何人去通過司法考試或考取會計師證照了。」

很多人會疑問：郝佳這樣做，會不會人緣不好。但相反的是，我很少見到比郝佳人緣還好的人。

郝佳跟我說過一個故事。她公司裡有個女同事住在隔壁的社區，有天下大雨，郝佳順路載了女同事回家。

結果那天之後，那位女同事在天氣好的時候，也會問郝佳能不能載她一起去上班；甚至在公司裡看到郝佳準備下班時，她也會慌忙地收拾東西，準備去搭便車。

郝佳直接對她說：「抱歉，我比較享受獨處時間，因為我可以聽音樂放鬆自己，但妳在旁邊，我就不好意思了。如果天氣很不好，我可以載妳一程，但是天氣這麼好，希望妳也能理解我的不便。」

女孩臉一紅，慌忙地點頭。後來郝佳還是會在下雨時主動問女同事要不要順道回家，而這位女同事不但不敢再次越線，還到處誇郝佳是個特別有人情味的人。

郝佳有個理論：**因試圖越線而被你趕出去的人，如果從此記恨你，那就證明他不懂人情世故，相處下去，也只是一個麻煩。**

我覺得這個理論特別好，因為劃界線而得罪人，充其量就是我們生活裡雞毛蒜皮的小事，不值得我們計較。而委屈求全還惹得自己不開心，那就得不償失了。

4

有人說，自己劃了界線也沒用，有些人就是天生沒有界線感，就是會侵略別人的空間。可事實真是這樣嗎？這些人可不是對誰都沒界線感，他們只是對沒有劃界線的人沒有界線感，他們都是在試探性地越線，而不是一開始就敢跨大步子，這些人都是評估過風險的。

其實，回頭想想，是不是當你兇的時候，世界就孬了。

我們天生就有劃界線的意識，在嬰兒時，我們不喜歡陌生人的觸碰，拒絕父母以外的人突如其來的親暱；上小學時，我們會在桌上畫一道「中線」，警告同桌不要過線；工作後，我們有自己的職能範圍，會公私分明，不允許別人私自干涉自己；作為自然界的一員，我們跟所有動物一樣，都喜歡圈出自己的領土，在自己的領地上自由生長，誰跨進來一腳，都會影響我們的愉悅度。

當你劃出界線，那些想要進入你領地的人，會瞬間就孬了。**很多的混亂，都是由於自己不劃線，任由別人入侵自己的領地才會開始的。**

小學時，我看到我媽隨手翻看我的日記本，我當時就非常鄭重地告訴她，那是我的隱私，即使我放在桌面上，妳也不應該翻看。我還會明確告訴我媽，要相信我對朋友的判斷，不要干涉我交友，因為我已經有了獨立區分朋友的能力了。

所以，當我決定出國留學的時候，我媽都相信我會對自己的決策負責。我們兩人之間有一道清晰的界線，這界線讓我舒適、獨立、自由，也讓媽媽有經營自己生活的意識，她也會過得更愉快。

父母和我們都是共同成長的，當我們抱怨父母不開明時，我們要反思自己是不是一開始就劃錯了自己的界線。很多人都羨慕我有一個開明的媽媽，而我認為沒有天生開明的父母，絕大多數的父母都想把孩子保護在自己的羽翼下。

但是，如果你用劃界線的方式，慢慢標記自己的領地，也會讓父母養成尊重你的意願的習慣。

別再抱怨別人沒有界線感了，如果你只想當個好人，把自己的領地擴充成人人都可耕作的無邊界樂土，就別怪流浪漢會在這裡安居樂業、軟土深掘。當他們習慣侵略你的領土，某天你想驅趕他們時，他們還會反過來罵你喪盡天良沒有人性。

我們不妨好好省思一下這些惡化的關係，是不是又是從你開始答應幫他一個無足輕重的小忙後漸漸變質的呢？

03
你可以看不慣我，反正你也幹不掉我

1

我的好友周總是一個事業有成、為人豁達的青年才俊。他有個從小一起長大的朋友，總是逢人就說：「周總小時候家裡很窮困，連家裡的屋頂都會漏水。跑去上海打工的時候，他連件像樣的衣服都沒有，還是偷了我一件襯衫才去的。」

現在，即使周總每年都會送一套高級的西裝給他，他仍然會不停地絮叨這件事，把「偷」字強調得很刺耳。

周總說：「這樣的人內心是自卑的，卻有莫名的優越感，不想承認你比他強，所以總是不時地用戳你的傷疤，來平衡自己的不甘心。他心裡看不慣我的成就，但那又怎麼樣，我還是過得比他好。我可以送衣服給他，但不會分事業給他，這種人不值得託付。」

2

好友璐璐帶著新交的男友和我們聚餐，我們都開玩笑地說：「戴粉水晶果然有用啊，招好桃花。」、「璐璐戀愛後，皮膚越來越好了。」……

聽了這些溢美之詞，璐璐一臉羞澀，幸福感爆棚。

這時，佳佳冷不防冒出一句：「璐璐找男朋友的過程可艱辛了，當時，她在相親網站上還遇到職業詐騙高手，跟那個騙子聊了好幾天，騙子把爸爸、媽媽、妹妹都請出來了，每個人都親熱地和她說話，哈哈哈……」

佳佳說完話，現場一陣尷尬，還好羊羊機智地假裝不小心灑了湯，才轉移了大家的注意力。

聚餐過後，璐璐直接在社群軟體上封鎖了佳佳。

佳佳氣憤地在群組裡說：「璐璐真是小心眼兒，居然封鎖我，相處這麼久了，還不瞭解我就是一個心直口快的人嗎？被她氣死了！」

我們都勸璐璐說：「佳佳那個人就是口無遮攔，說話不經過大腦，但人不壞的。」

「得了吧，她這個人，我也不想說什麼了，妳們誰也別勸我，就憑她愛揭瘡疤，喜歡說別人短處，就說明她內心有滿滿的惡意。」佳佳非常氣憤地說。

我們都被「惡意」這個詞嚇了一跳，也忍不住仔細地分析起了佳佳這個人。

3

羊羊說：「有一次，我帶自己的老闆，去佳佳工作的俱樂部辦會員，想說幫佳佳衝點業績。佳佳卻當著我老闆的面說，好羨慕我的工作，不用輪班又清閒，還可以到處玩。聽了佳佳的話，老闆微笑著對我說：『以後要努力工作啊！』我當時的臉一陣紅一陣白，真想找個地洞鑽進去。回去後我把佳佳罵了一頓。佳佳卻很委屈地對我說：『我真的不是故意的，誰知道妳老闆會聯想到妳不努力工作呢？』」

羊羊又接著說：「還有一次，我男友送了一個包包給我，我背著去參加朋友的生日聚會，佳佳當著大家的面，就問我這個包是真的還是假的，我說真的啊，男友從法國帶回來的。佳佳回了一句『妳買過那麼多假包，背個真的，我也以為是假的呢。』」

我也記得佳佳吐別人槽的事，有一次，我去佳佳的俱樂部找她。俱樂部裡的一個女同事形象、氣質和談吐都很不錯，我當著佳佳的面誇她：「妳們這位同事業績肯定不錯，長得好看，還超級會聊天。」

聽了我的話，她的同事正眉開眼笑，佳佳卻來了句：「老闆上個禮拜才罵過她，再沒業績，就得走人啦。」

還有一次，我們約了一個聚會，當時我們一個女性朋友的車壞了，所以那個朋友就開了她爸爸的車來參加，下車時佳佳看到她的車就大聲嚷嚷地說：「哇！妳又削了哪個凱子了？」

當時那個女生喜歡的對象也在場，所以她當下就生氣地說：「那個凱子就是我爸！」

還有一次我上傳了幾位公司素人同事的服裝搭配案例到社群軟體上，被幾個朋友們稱讚我品味好、會打扮時，她總會冒出一句：「看過妳中學時的照片，又黑又土還自然捲，沒想到現在是形象設計師！」

仔細想想佳佳這種口無遮攔的事情還真不少。每次她到處說別人的短處時，我們當下都會非常憤怒，但後來只把她當成一個一根腸子通到底的人，不想跟她計較。

對於佳佳，我們沒有「偷襯衫」這樣的短處，所以即使她吐槽那麼一下，我們也不覺得事情有那麼嚴重。但是「愛揭短」這件事，本身就是一個不好的行為，它源於嫉妒，嫉妒別人有美滿的愛情，嫉妒別人有自由支配時間的工作，嫉妒別人的家境比自己好，卻沒有關注自身的需求與內心的情緒。

這種行為，會讓自己變成一個怨氣滿滿的人，不僅失去朋友，也會讓自己變得面目可憎，體驗不到生活的美好。

更何況，即使再看不慣我們，她也比不上、幹不掉我們。

04 你有你的活法，我有我的態度

1

我們幾個好友聚會吃火鍋，阿雅帶著她六歲的女兒一起來。當我們幾個人聊得正開心時，就突然聽阿雅低聲怒吼：「我跟妳說過多少次了要小心點，衣服妳要自己洗嗎？」

我們仔細一看，原來是小朋友把丸子掉到了裙子上。看到抓著筷子一臉驚慌的小孩，我們忍不住勸了阿雅：「妳這是幹嘛？又不是什麼嚴重的問題，妳小時候不會弄髒衣服嗎？」

阿雅還餘怒未消地發著牢騷：「妳們不知道啊，對這孩子說超過一百遍，她也聽不進去⋯⋯」旁邊的孩子惶恐地用餘光掃著媽媽的臉，不安又緊張。

阿雅曾跟我們聊起過她的童年。她媽媽是個高知識分子，在外知書達理，在家卻暴躁易怒。

阿雅小時候經常會因為一點小事就遭到一頓毒打，她覺得連家裡的空氣都是緊張的，很難專心地寫作業、放心地去玩、去看電視。

常常坐立不安，連吃飯都要看著媽媽的臉色，所以造就了她極度敏感、缺少安全感的性格。

2

阿雅結婚生子後，看了很多育兒方面的書籍。她的原則是：我絕不會像我媽媽一樣，我要給孩子健康的身心。

但就我觀察來看，阿雅雖然沒有像自己媽媽一樣暴躁易怒，對孩子非打即罵，但她還是很難控制自己的情緒，跟孩子說話時常會眉頭緊鎖、面含慍怒，這讓孩子感覺非常不安。

其實，阿雅小時候害怕的並不是皮肉之苦，而是害怕母親傾倒給她的情緒。

小小的她，沒有能力分析母親情緒的起因，只會不安，覺得媽媽的情緒就是一顆定時炸彈，隨時會爆炸。

現在阿雅雖然改變了教育孩子的方式，但還是在傾倒情緒給了孩子，這種情緒可能比打雷、閃電和黑暗更讓孩子害怕。

從這個層面上來看，阿雅媽媽的打罵和阿雅的情緒不穩定，對孩子的影響，本質上並沒有什麼大區別。

3

小時候，我們經常看不慣父母的做法，在內心默默想「以後我才不要像你一樣」，但在不知不覺中，我們卻做了相同的事。

嬌嬌常常抱怨父母在她小時候逼她學溜冰，導致她變成了O型腿，但現在她卻逼迫兒子每天都要彈鋼琴。她認為自己和父母不一樣，鋼琴是孩子的起跑線，不能不學，而溜冰對她的將來並沒有什麼影響。

阿雅百思不得其解，婆婆為什麼捨不得丟掉那些陳年舊貨，占著家裡一坪好幾十萬的房子；而她卻沒發現自己的衣櫃裡，也掛滿了三年以上都沒有穿過的衣服。

其實仔細想一想，和父母相比，你真的換了一種活法了嗎？

小時候你討厭三姑六婆圍在一起聊東家長西家短，現在你卻跑到社群媒體裡大挖別人的八卦；小時候你討厭潑婦扯著嗓子罵街，現在你卻經常在網路上對他人惡言相向；小時候你聽說父母結婚配八字是封建迷信，現在你卻天天追著星座，看看自己跟誰更合適；小時候你認為父母一毛兩毛的討價還價是摳門、吝嗇，現在你卻為了五塊十塊的優惠券分享按讚，為了免運囉唆半天。

我們總是覺得自己會比父母過得好，更有遠見，其實你現在所謂的「遠見」，是社會經濟發展、訊息來源拓展、資訊傳遞量倍增的結果，和我們自身並沒有什麼關係。

4

怎樣才算換了一種活法呢？一定是你在價值觀上有所轉變。

比如，上一代的父母往往認為自己的力量太過渺小了，控制不了自己的人生，所以求一個最穩定的職業，只求進國企、當公務員。而你知道個人的價值，才是你在社會上的競爭力，你不再忙著靠關係、抱大腿，而是修煉個人的價值。父母認為生活的本質就是吃飽穿暖，認為與趣愛好、追求美好品質、精神需求都是矯情。而你卻知道生活的本質是讓自己的內心豐盈充實，你需要讓自己對每一天都有美好的感知，讓自己自信昂揚，靈魂豐富有趣。

父母認為結婚生子是人生必經之路，沒有為什麼，就應該這樣；而你在思考婚姻的本質，和婚姻到底是不是自己理想的生活選擇。

父母有自己的活法，但我們一定要有自己堅定的態度，不要一味承襲陳舊的的思想與知識，而要與時俱進，培養自己有獨立思考的能力。同時也要教孩子們練習自我學習與獨立判斷的本能，這才是我們能帶給孩子最寶貴的東西。

什麼才是不可替換的好東西呢？可能每個人的答案都不一樣。就我個人而言，我的生活方式跟父母不一樣，但是核心精神卻是他們所教給我的：熱愛生活，學習與自己和諧相處。

05 不好意思，嘴上說說的道歉我不接受

1

某天，我準備到普吉島度假，登機時我看到排隊的隊伍中有很多孩子，心裡一陣惶恐。照我以往的經歷來說，只要出遊，無論是在飛機、高鐵上，還是在汽車、遊艇上，我的前後左右不知道為什麼總會配置一至兩個「熊孩子」。

我遇到過把髒東西抹到我裙子上的，還有把熱水灑在我腿上的，或是在玩鬧間不小心把我眼睛撞腫的，還有一路上「霸占我電腦」的，甚至撕破我書的……我與「熊孩子」之間的故事，簡直能寫一部長篇小說了。想到這趟將近五小時的航程，頓時感到有點絕望。

很多人會認為這樣的孩子，就是家長不管教或家長也素質低落造成的。事實上，我遇到的這些家長，不僅會制止孩子的不良行為，還會告訴孩子這樣做不對，要求他們向我道歉，而孩子們事後也都會說「對不起」。但令我百思不得其解的是，這些孩子道歉後還是會一直胡鬧下去，這才是讓我感到最無奈的。

2

那次在飛機上，很幸運的，我的周圍沒有出現「熊孩子」，但普吉島之行，讓我對「有禮貌的熊孩子」這個困擾，終於有了答案：沒別的，果然是教育出了問題！

到了普吉島，我入住了一間位於海濱的泳池別墅酒店。因為這裡適合遊玩，因此入住的中國家庭也不少。

我的隔壁就住了一對一樣來自中國的母子，是一個年輕媽媽與一個四、五歲大的兒子。陽臺門外，是一個我們兩戶共用的泳池。一大清早，我就聽見孩子在泳池裡玩，大聲地喊叫，我能充分地感受到孩子很享受熱帶的早晨。

孩子對新環境興奮、有好奇心，想要盡情探索，這很自然，我也不會因此就認為他「熊」。因此當天被吵醒後，我也沒有埋怨，想著度假就不應該太貪睡，便想去戶外的泳池遊個泳，舒展一下筋骨。

一開始泳池裡只有那孩子和他媽媽兩個人，等我進去以後，孩子可能覺得我入侵到了他的領地，開始表示不滿，故意朝我潑水。我也聽到了他媽媽斷斷續續的對他勸說，大意是：泳池又不是你一個人的，你不能這麼做。

在游過他們身邊的時候，孩子故意伸腳踢了我，我雖然一點都不感覺痛，但是能感受到一個僅僅四、五歲的孩子對我的滿滿惡意，懦弱的我趕緊上了岸，心想別破壞小傢伙美好的早晨了。

這對母子在我隔壁住了兩晚，這段期間在酒店的車上、餐廳裡，我也經常遇到他們。

我下意識地觀察了這個孩子，發現他小小年紀很多時候眉頭卻都鎖得緊緊的，發怒時甚至會惡狠狠地用小拳頭打媽媽，媽媽顯然也是過分地寵溺孩子了，才會導致孩子完全爬到她頭上，根本不受控。因為媽媽雖然也會不時地喝斥他，打他的手心，但隨後孩子就不顧一切聲嘶力竭地大哭起來，周圍的人沒有一個不討厭他的。

3

但是，我和「熊孩子」的故事還沒有結束。當時，我在普吉島報名了一個當地行程，要出海到斯米蘭島玩兩天。當時快艇上一共有十八個人，包括五個三到五歲的孩子。

在快艇上，我的耳邊一直縈繞著孩子的哭嚎和笑鬧聲。團員們都很喜歡其中一個孩子，紛紛逗他，給他零食，還不時嫌棄另外四個孩子太「熊」了。當你躺在沙灘上安靜地曬個太陽，忽然就被揚了一臉沙子。伴隨著父母喝斥的聲音，耳邊會快速飄過他們用不以為意的口氣說出的「對不起」三個字。

「熊孩子」不是不會用禮貌用語，「叔叔」、「阿姨」都喊得很順，「對不起」、「謝謝」也使用得很頻繁。這些孩子的禮貌用語都用得很好，長得也可愛，大人通常都不太會跟他們計較，所以他們「熊」起來毫無成本。你在那裡游泳，他非要撞過來，不經你的同意就拿你的絲巾去撈小魚，隨便一腳踢散你堆的沙子……

反而那個不常說「對不起」的孩子，卻最討人喜歡。他不是特別安靜，他跟「熊孩子」們一起玩的時候也玩得很起勁，但是當你對孩子們投去不滿的眼光時，那個小孩會馬上停止搗亂，有點羞澀、有點緊張地看著你，雖然沒說「對不起」，但是能感受到他真心因為打擾到你而感到抱歉。

4

我觀察了這些孩子的父母，忽然就想通了禮儀教育這件事。

當「熊孩子」打擾甚至傷害到別人的時候，父母的第一反應通常是喝斥孩子，要孩子道歉，但他們自己卻從來不為監管不力而道歉。

說直白點，他們第一時間所做的，不是表達對他人的歉意，而是先「關注」自己的孩子，要求孩子道歉。當孩子道歉了，你要是再說孩子的不是，反倒成我們不近人情，非要去跟一個孩子計較。

但是你的不計較，往往又會讓家長忘了自己該承擔什麼責任。家長毫無歉意，所以讓孩子意思意思道個歉，這就是一種形式上的禮儀教育。家長的態度會讓孩子覺得這件事無足輕重，只要自己說句「對不起」，就能解決所有的問題，闖禍後付出的代價太低了。

所以他們才可以用不以為意的語氣邊打擾你邊跟你說「對不起」，會看都不看你一眼，就喊「叔叔」、「阿姨」、「謝謝」、「再見」……

在斯米蘭海上浮潛的時候，浪有點大，有一位家長沒拉住自己的孩子（就是我印象裡最「熊」的那個），讓孩子穿著救生衣漂遠了。有一個會游泳的遊客游過去，幫忙把孩子抱了回來，家長接過孩子後說了聲「謝謝」。雖然算不上什麼大忙，但這位家長在說「謝謝」的時候，卻連對方的臉都沒看一下，更別提任何眼神交流。

這就是雖然說了「謝謝」，但毫無「謝意」。對於這種嘴上說說的道歉或謝意，不好意思，我接受不了。

5

「謝意」、「歉意」這兩個詞說起來很模糊，只有當語言失去作用時，我們才能感知「意」的重要性。就像在泰國，我雖然聽不懂泰語，但服務生每次收到客人給予的小費的時候，就會看到他們雙手合十、滿眼真誠的謝意。

我覺得「意」就是人傳遞的能量。很多心理學家都說過，孩子從嬰兒時期，就能感受到能量，能感知善意和惡意。我認為父母在教育孩子的時候，語言一定是最次要的，孩子最容易接收到的就是你對他示範的身教，最先學習的就是你對這個世界的人和事的態度。

回想飯店隔壁的那個充滿戾氣的孩子，他媽媽也是面容不悅、眉頭緊鎖的，給飯店司機小費的動作都像是在施捨乞丐。其他「熊孩子」的家長在說「對不起」、「謝謝」的時候，也總是連頭都不抬一下；當孩子因為磨蹭耽誤大家的時間時，他們固然會跟導遊說抱歉，但總是繁衍輕率的。表面上對人有禮貌，實質上卻不懂怎麼尊重他人，這恰恰是孩子最容易從家長身上學到的。

而那個討人喜歡的孩子的父母，雖然打扮樸實，但總是面容舒展。跟人說話的時候，他們會報以善意的微笑；在受到服務和幫助時，他們會真誠地表達謝意；在自己的孩子給人帶來不便時，他們最先向你表達歉意，再去教育孩子。

我認為「言傳身教」是教育的真理，語言對孩子的作用往往是次要的，身教才是最有作用的。

我們的父執輩雖然沒有接觸過育兒的科學方法，但他們更擅長身教。我的媽媽是一個不會給別人添麻煩的人，她總是慷慨、樂於助人，而我爸爸則是遇到任何事都很樂觀。在他們的影響下，我成為一個有同理心並且樂觀的人。

現在的年輕父母雖然學了很多育兒的理論知識，也會講很多道理，但往往流於言教大於身教。他們對世界沒有好奇心，對自己毫無要求，每天都是邋遢懶散的狀態，捧著手機渾渾噩噩地過日子，卻希望自己的孩子健康、聰明、樂觀積極，完成自己做不到的事。

6

我有個朋友經常抱怨自己的孩子總是一副無精打采的樣子，以為孩子身體虛弱，但檢查也沒發現什麼問題。我看看孩子後就跟他說：「你看看你，說一句話就嘆了三口氣，遇到什麼事，都覺得天塌下來了，孩子這是跟你學的啊！」我辦的訓練營裡，很多媽媽經常會分享「身教」的意義，覺得只有自己變得積極樂觀了，孩子才會更好管教。

其中有個媽媽分享：「女兒做作業、洗澡、起床，都要我跟在後面催啊催的，小小年紀一副懶樣，怎麼說都沒用。然後我就反思自己，其實我不就是成人版的女兒嗎？我已經在無形中影響了孩子。後來，我終於意識到了自己的問題，每天早上起來就會積極運動，打扮自己，下班回家也認真投入學習。這才發現孩子也變得井然有序和認真了，還經常反過來提醒我：妳今天打卡了嗎？」

也有媽媽說：「平時孩子不好好吃飯、挑食、不珍惜食物，但自從我學習了『審美課程』後，我對食物開始有了感知。我不再邊玩手機邊吃飯了，我決定要把吃飯當成一種儀式，邊吃邊跟孩子一起描述食物的味道：這個豆子甜甜的，吃到嘴裡有夏天的味道……然後孩子就會開開心心地吃飯，慢慢地他就不再挑食了。」

「還有，孩子不愛去幼稚園，每天上學前，他都會一臉怨念，我仔細想了想自己上班前的樣子，給孩子傳遞的總是這一天就是辛苦的、可怕的、令人厭煩和畏懼的思想。當我早早起來運動，好好幫自己梳妝打扮，滿面春風地展現對一天充滿期待時，孩子就不知不覺地被影響了，上學也變得積極了很多。」

7

俄國現實主義小說家屠格涅夫的妻子曾經對他說：「你別每天只知道埋頭寫作，抽出些時間，教育我們的孩子。」

屠格涅夫回答說：「親愛的，我無時無刻不在教育孩子。」

所以，光是在口頭上教育孩子是沒用的，家長的行動和態度，才是最影響孩子的身教。我相信對世界報以善意，總能看到事物美好的一面。能盡心盡力過好每一天，接納並欣賞自己的家長，才會培育出積極樂觀的孩子。

願你的孩子健康可愛，願你所有的語言背後都有深刻的「意」！

06 我的愛情，不需要你看得懂

1

我爸媽離婚不到一年，我爸就準備再婚了，當時我憤憤地認為，我爸一定是早就找好了新對象。但聽大姑姑說，他們兩人是後來透過別人介紹才認識的，我爸覺得兩個人很合適才往結婚的方向發展。

我爺爺、姑姑們都很難理解我爸所謂的「合適」，因為他再婚的對象，是個喪偶、帶著一個十四歲大的男孩、個頭矮小的普通女性。

我大姑姑的分析是：「那個女生的嘴可厲害了，把妳爸給哄住了。要不然，妳爸會不接受××家小姨子嗎，那位可是當老師的，個子高而且還未婚……」

我爺爺雖然想要孫子，但是也不能接受別人家的孫子，他氣得大罵我爸：「你就是怕我活得太長了……」

我爸媽都是那種「非常有主見」的人。我媽離婚的時候，沒人能勸得了她；我爸再婚的時候，也沒人能阻擋我爸。

時間過得很快，轉眼間，我爸媽離婚已經快二十年了。爸爸再婚後生了一個小妹妹，今年也準備要考高中了。

2

在爺爺八十歲大壽的壽宴上，爺爺硬要拉著我坐他旁邊。

我爸說：「這可不行，得讓您長孫坐您旁邊。」

爺爺的「後孫子」和我爸坐在了爺爺的兩邊，我則坐在這位見面次數不多的「哥哥」旁邊。

這位哥哥情商很高，席間盡到了「長孫」的職責，熱情地招呼親朋好友，活躍氣氛。

我爸爸提起他也滿是驕傲：「我大兒子剛回國兩年，就年薪百萬了，跟××（某大佬名字）經常打照面……」

繼母打斷我爸：「你可就別炫耀了，他上學時也比別人家的孩子多花不少錢呢，看他什麼時候能賺回來還我們吧。」

我爸依然像所有愛炫耀孩子的家長一樣，總是忍不住製造可以炫耀自己孩子的話題——

「我女兒剛剛考完鋼琴九級，跟她一起考試的人裡面，屬她年紀最小了……」

「這手錶是我大兒子從國外給我帶的，說比國內便宜不少……」

聽到爸爸這麼誇讚大哥和小妹，我忽然感到有點難過。我從小學開始當班長，高中前，我考試很少考第二名，不僅榮獲了市長級「三好學生」、擁有各類模範楷模的頭銜，還上過電視。但從小到大，在所有親朋好友的聚會裡，我爸對我從來就沒流露出半點的驕傲之情，就算親戚們主動誇讚我，我爸也只是說一句：「有什麼用，丫頭長大了還得嫁人的。」

我的這種難過不是嫉妒，是反思。因為在席間，我看到大哥和小妹發自內心地對爸爸表示崇拜和愛慕，是我從來沒有表現過的，我有的只是和媽媽一起抱怨爸爸。

3

哥哥喝得有點微醺，輕聲跟我說：「以後多聯繫啊，我們能成為一家人也是了不起的緣分！妳跟爸也多親近親近，他嘴上不說，其實很想妳，常和我媽叨念，妳跟妳媽親，跟他不親。其實人歲數越大越要哄，我們的爸爸尤其需要哄呢……但妳讓人覺得有點冷淡……」

的確，我和爸爸本來就不夠親密，他再婚後，我們父女之間的關係更是淡薄了。

也許當時受大姑姑的影響，我覺得繼母不是好人，去爸爸家裡吃頓飯都很彆扭，覺得繼母和哥哥的熱情都很虛假。

後來，我和爸爸的聯繫越來越少了，爸爸不知道我讀哪所高中，考了什麼樣的大學，出國去了哪個國家。

我也不知道我爸爸的生意做到了什麼程度，取得了什麼樣的成就。

我們彼此從沒特意告知對方一些近況，其中包括了我小妹的出生、我選擇辭職創業。

4

我對爸爸說，我想在他家住兩天，他很高興，請繼母幫我煮了整桌好吃的飯菜。豐盛的雞鴨魚肉擺滿了桌子，繼母熱絡地招呼我吃飯。席間，我發現爸爸依然沒改掉吃飯時大聲發出聲音的習慣，還有不管吃了什麼都不會對哪道菜發表評價。

我腦海裡忽然回憶起二十年前，我們一家人一起吃飯的情景：我媽興致勃勃地學會了一道菜，謹慎地擺盤，端給我爸吃，我爸一筷子就把造型夾散了，放進嘴裡嚼了幾下，扒了幾口飯，什麼也沒說，也不覺得有什麼特別。當時我媽特別生氣，覺得爸爸不解風情。

繼母和我爸一起生活久了，他們的吃相也差不多。她一邊吃一邊幫我爸和我們夾菜，說：「吃，吃，盡量吃，別剩下啊，回鍋就不好吃了……小J妳多吃點啊，看妳瘦的，不能減肥啊，我都不讓妳小妹減肥，太瘦身體容易有毛病。」

這一家人的生活方式不像我和媽媽、繼父那樣——

把葷素搭配的食物裝在精緻的餐具裡，在餐桌上鋪上乾淨的桌布；菜端上桌後，每個人還要輪番表揚一下媽媽的手藝，看媽媽眉開眼笑，再動筷子。

但是爸爸一家的生活也別有一番情趣：

哥哥跟我爸眉飛色舞地聊軍事，兩個人因為對某種戰略所見略同，樂得直拍大腿；我小妹已經十幾歲了，卻還是對爸爸又摟又抱，撒嬌到不行。

爸爸嘴上唸著打麻將的繼母，每次都不穿保暖點的衣服，露著腰，難怪她腰疼，繼母聽了也不生氣，反而耍賴地讓我爸拿件保暖的外套替她披上……

這種直來直往的幸福，久違地讓我看到爸爸臉上無比質樸的滿足感和幸福感。

5

我跟大姑姑說：「妳以後不要再跟我繼母過不去了，我看她對我爸挺好的。」

大姑姑撇撇嘴說：「有什麼好的，妳爸拚命賺錢就為了他們母子，她把妳爸哄得七葷八素的。妳爸還幫她兒子在北京付了房子的頭期款，誰家繼父能做到這樣的程度啊……不是我說妳，妳就是少了點心眼，我看妳爸的錢，妳一毛也撈不著……」

過去，我也以為繼母對我爸的關愛像是一種巴結，都是為了幫她自己的兒女找個有能力的繼父，但某次聊天後，終於讓我對她的看法稍稍改觀。

她拉著我的手說：「我遇到妳爸，真是我命好，妳爸這個人不但溫柔體貼，還對我從來沒有防備之心，對我兒子比他親生父親還好。他是真正的大丈夫，我現在就想好好照顧他，我們兩個能陪伴著多活幾年，就算我的福氣了……還有一件事一直不知道怎麼跟妳說，我以後走了想跟妳爸埋在一起，我兒子也同意了，一直想問問妳……」

看著繼母忍不住流下的眼淚，我拿了幾張面紙遞給她，說：「阿姨，我怎麼會不同意呢，我爸媽早就沒感情了，我也不會因為他們曾經是夫妻，就干涉這些……」

她擦了擦眼淚，拿起茶几上的相框，是和我爸在海邊的標準遊客照，對我說：「妳爸不在家時，我經常看這照片，那是我第一次去海邊，妳爸買了一條圍巾給我，說披著照相好看，我好高興……」

也許在外人眼中看來，爸爸和繼母之間的愛情是不匹配的，但真正匹配的愛情，往往有別人看不懂的深情。只要兩個人生活幸福，就不需要別人看懂。

6

媽媽和繼父的床邊也擺著一張合照，是兩個人在夕陽下彼此依偎的剪影，照片背後，有我媽媽娟秀的字：執子之手，與子偕老。

爸爸和繼母雖然沒有媽媽那樣的浪漫情懷，但兩個人的生活不也是「執子之手，與子偕老」的真實寫照嗎？

我媽媽和繼母是兩種不同的女人，他們的生活方式不一樣，對伴侶的要求也不一樣。但好在他們都找到了各自的幸福，這種幸福讓他們真誠地感恩生活，珍惜自己所擁有的一切。

我忽然明白了：幸福從來沒有任何標準，只要是幸福，都令人嚮往；也沒有誰配不上誰，只要兩個人相處和諧就是匹配。

爸爸和媽媽都不屑對方所選擇的人和生活方式，但是幸福是沒有標準的。幸福是自己內心所感受出來的，誰也不能衡量誰過得更好。當年的他們及時停損，找到了合適的人共度餘生，他們都是幸運的。

如果我爸媽沒離婚，磨合二十年會有什麼結果呢？無非是在無數爭執中將就，在習慣中培養親情，在無休止的齟齬中失去對美好生活的感知能力，待走到生命盡頭時，期望來生還是不要再遇見。

不要以為經歷了歲月的洗禮，我們就能變成對方想要的樣子，時間不會讓兩個不合適的人變合適，只會讓他們忘記在一起的初衷，使歲月餘生只剩下將就。

你要相信，合適的美好，並且只要你願意就能找到。

心理勵志 0AHT0026

與其讓別人看好，不如自己活得好看

作　　者　J小姐
書封設計　兒日設計
內文版型　楊廣榕
編輯協力　張婉婷
主　　編　盧羿珊
行銷經理　王思婕
總 編 輯　林淑雯

出 版 者　方舟文化／遠足文化事業股份有限公司
發　　行　遠足文化事業股份有限公司（讀書共和國出版集團）
地　　址　23141 新北市新店區民權路 108-2 號 9 樓
電　　話　+886-2-2218-1417
傳　　真　+866-2-8667-1851
劃撥帳號　19504465
戶　　名　遠足文化事業有限公司
客服專線　0800-221-029
E-MAIL　service@bookrep.com.tw
網　　站　http://www.bookrep.com.tw/newsino/index.asp
排　　版　菩薩蠻電腦科技有限公司
製　　版　軒承彩色印刷製版有限公司
印　　刷　通南彩印股份有限公司
法律顧問　華洋法律事務所｜蘇文生律師
定　　價　330 元
初版一刷　2020 年 10 月
初版四刷　2024 年 9 月

缺頁或裝訂錯誤請寄回本社更換。
歡迎團體訂購，另有優惠，請洽業務部（02）22181417#1124、1125、1126
有著作權・侵害必究

特別聲明：有關本書中的言論內容，不代表本公司／出版集團之立場與意見，文責由作者自行承擔。

本書透過四川文智立心傳媒有限公司代理，經六人行（天津）文化傳媒有限公司授權，同意由遠足文化事業股份有限公司方舟文化在全球獨家出版、發行中文繁體字版本。非經書面同意，不得以任何形式任意重製、轉載。

國家圖書館出版品預行編目 (CIP) 資料

與其讓別人看好，不如自己活得好看 / J 小姐著 . -- 初版 . -- 新北市 : 方舟文化出版 : 遠足文化發行 , 2020.10
面 ;　公分 . -- (心理勵志)
ISBN 978-986-99313-4-2(平裝)

1. 自我實現 2. 人生哲學

177.2　　109012915

方舟文化
官方網站

方舟文化
讀者回函